黑龙江经济普查年鉴

Heilongjiang Economic Census Yearbook 2013

第三产业卷

黑龙江省人民政府第三次全国经济普查领导小组办公室
黑龙江省统计局 编

中国统计出版社
China Statistics Press

图书在版编目（CIP）数据

黑龙江经济普查年鉴. 2013 / 黑龙江省人民政府第三次全国经济普查领导小组办公室, 黑龙江省统计局编. -- 北京 : 中国统计出版社, 2016.1
ISBN 978-7-5037-7740-0

Ⅰ. ①黑… Ⅱ. ①黑… ②黑… Ⅲ. ①经济－普查－黑龙江省－2013－年鉴 Ⅳ. ①F127.35-54

中国版本图书馆 CIP 数据核字(2016)第 004968 号

黑龙江经济普查年鉴—2013/第三产业卷

作　　者/黑龙江省人民政府第三次全国经济普查领导小组办公室
　　　　黑龙江省统计局
责任编辑/赵淑焕
封面设计/黄俊杰　李雪燕
出版发行/中国统计出版社
通信地址/北京市丰台区西三环南路甲 6 号　邮政编码/100073
电　　话/邮购（010）63376909　书店（010）68783171
网　　址/http://www.zgtjcbs.com/
印　　刷/河北天普润印刷厂
经　　销/新华书店
开　　本/880mm×1230mm　1/16
字　　数/460 千字
印　　张/15.25
版　　别/2016 年 1 月第 1 版
版　　次/2016 年 1 月第 1 次印刷
定　　价/680.00 元（全三册附光盘）

本书附同版本 CD-ROM 一张，光盘内容以书面文字为准。
如有印装差错，由本社发行部调换。

编者说明

为便于社会各界共同分享第三次全国经济普查的成果，更方便地开发利用普查资料，我们将经济普查资料编辑整理，汇编成《黑龙江经济普查年鉴—2013》一书。全书共三卷，即综合卷、第二产业卷和第三产业卷，并随书配送同版本光盘一张。《综合卷》分三篇：第一篇为“综合篇”，第二篇为“小微企业篇”，第三篇为“文化及相关产业篇”。《第二产业卷》分四篇：第一篇为“工业企业生产经营及财务状况”，第二篇为“主要工业产品产量”，第三篇为“规模以上工业企业科技情况”，第四篇为“建筑业企业生产经营及财务状况”。《第三产业卷》分六篇：第一篇为“批发和零售业基本情况及财务状况”，第二篇为“住宿和餐饮业基本情况及财务状况”，第三篇为“房地产开发经营业生产经营及财务状况”，第四篇为“重点服务业企业财务状况”，第五篇为“行政事业、社团及其他单位财务状况”，第六篇为“企业信息化和电子商务交易情况”。为使读者能够更好地使用本资料，现对有关问题做如下说明：

一、第三次全国经济普查的标准时点为2013年12月31日，时期资料为2013年度；

二、每卷后附有该卷详细的指标解释，使用时请仔细阅读；

三、综合卷中综合篇和小微企业篇汇总表，均不包括金融业和一些无分组标识的数据；

四、本资料建筑业按法人单位注册地，其他行业按法人单位经营地进行汇总；

五、本资料对部分数据由于单位取舍不同或四舍五入而产生的差数均未作调整；

六、表中空格表示该项统计指标数值为零、数据不详或无该项数据，“#”表示其中的主要项。

我们希望此书的面世，能使社会各界对黑龙江省第三次全国经济普查有一个全面概括的了解，更愿本书的内容，能为社会经济研究工作者提供有价值的参考。

黑龙江省第三次全国经济普查资料是全省普查工作者共同辛勤工作的成果，也是广大普查对象积极支持配合的结果。在此，我们向全省所有普查工作者、普查对象和所有参与和支持普查工作的人员致以崇高的敬意和衷心的感谢！

第三产业卷 目录

第一篇 批发和零售业基本情况及财务状况

第二篇 住宿和餐饮业基本情况及财务状况

第三篇 房地产开发经营业生产经营及财务状况

第四篇　重点服务业企业财务状况

第五篇 行政事业、社团及其他单位财务状况

第六篇 企业信息化和电子商务交易情况

附录

第1篇

批发和零售业基本情况及财务状况

A.行业部分

1-A-1　批发业法人企业基本情况

分　组	法人单位数（个）	年末从业人数（人）
总　计	**842**	**48641**
按国民经济行业分组		
农、林、牧产品批发	169	10147
谷物、豆及薯类批发	134	6593
种子批发	12	2781
饲料批发	3	34
棉、麻批发		
林业产品批发		
牲畜批发	1	80
其他农牧产品批发	19	659
食品、饮料及烟草制品批发	85	9207
米、面制品及食用油批发	21	1203
糕点、糖果及糖批发	1	10
果品、蔬菜批发	15	1387
肉、禽、蛋、奶及水产品批发	3	172
盐及调味品批发	8	706
营养和保健品批发		
酒、饮料及茶叶批发	7	761
烟草制品批发	18	4562
其他食品批发	12	406
纺织、服装及家庭用品批发	46	2179
纺织品、针织品及原料批发	5	97
服装批发	13	475
鞋帽批发	8	154
化妆品及卫生用品批发	8	319
厨房、卫生间用具及日用杂货批发		
灯具、装饰物品批发		
家用电器批发	9	1016
其他家庭用品批发	3	118
文化、体育用品及器材批发	11	369
文具用品批发	2	47
体育用品及器材批发		
图书批发	2	215
报刊批发		
音像制品及电子出版物批发		
首饰、工艺品及收藏品批发	2	53
其他文化用品批发	5	54
医药及医疗器材批发	89	5540
西药批发	67	2345
中药批发	13	2904
医疗用品及器材批发	9	291
矿产品、建材及化工产品批发	294	16891
煤炭及制品批发	40	1726
石油及制品批发	35	11422
非金属矿及制品批发	2	9
金属及金属矿批发	51	802
建材批发	50	691
化肥批发	38	1453
农药批发	3	65
农用薄膜批发	1	22
其他化工产品批发	74	701

1-A-1 续表

分组	法人单位数(个)	年末从业人数(人)
机械设备、五金产品及电子产品批发	120	3429
农业机械批发	29	861
汽车批发	25	554
汽车零配件批发	7	122
摩托车及零配件批发	2	18
五金产品批发	3	100
电气设备批发	4	177
计算机、软件及辅助设备批发	20	338
通讯及广播电视设备批发	1	88
其他机械设备及电子产品批发	29	1171
贸易经纪与代理	10	166
贸易代理	8	97
拍卖		
其他贸易经纪与代理	2	69
其他批发业	18	713
再生物资回收与批发	3	14
其他未列明批发业	15	699
按登记注册类型分组		
内资企业	838	47877
国有企业	80	9569
集体企业	13	467
股份合作企业		
联营企业		
国有联营企业		
集体联营企业		
国有与集体联营企业		
其他联营企业		
有限责任公司	330	18427
国有独资公司	24	1947
其他有限责任公司	306	16480
股份有限公司	50	10470
私营企业	357	8837
私营独资企业	3	61
私营合伙企业	1	6
私营有限责任公司	334	8199
私营股份有限公司	19	571
其他企业	8	107
港、澳、台商投资企业	3	704
合资经营企业	1	300
合作经营企业		
独资经营企业	1	7
投资股份有限公司	1	397
其他港澳台商投资企业		
外商投资企业	1	60
中外合资经营企业		
中外合作经营企业		
外资企业	1	60
外商投资股份有限公司		
其他外商投资企业		

1—A—2　批发业法人企业财务状况

单位：万元

分　组	营业收入	#主营业务收入	资产总计
总　计	**52202456.2**	**52500863.3**	**28378462.6**
按国民经济行业分组			
农、林、牧产品批发	6810805.0	6739868.6	5438824.9
谷物、豆及薯类批发	4697752.5	4644807.7	4145078.2
种子批发	558414.7	548145.2	534133.1
饲料批发	104484.0	103833.6	218614.1
棉、麻批发	2464.8	2298.8	1901.7
林业产品批发	230512.4	228525.5	67559.4
牲畜批发	864051.8	860761.7	205358.3
其他农牧产品批发	353124.7	351496.1	266180.1
食品、饮料及烟草制品批发	8078948.0	8006040.6	4240326.5
米、面制品及食用油批发	2168239.1	2163763.5	1682453.4
糕点、糖果及糖批发	26738.2	26561.3	135315.0
果品、蔬菜批发	1177103.5	1169764.6	488347.5
肉、禽、蛋、奶及水产品批发	1178099.7	1176459.4	343390.6
盐及调味品批发	109760.2	108711.8	93344.5
营养和保健品批发	26878.9	25863.0	15592.8
酒、饮料及茶叶批发	351649.9	344515.5	272172.2
烟草制品批发	2589821.4	2549057.0	1006903.8
其他食品批发	450657.3	441344.8	202806.6
纺织、服装及家庭用品批发	2192336.3	2172293.2	1149608.5
纺织品、针织品及原料批发	482242.3	481266.0	171989.2
服装批发	542157.9	534436.7	570461.0
鞋帽批发	552793.3	551830.4	90503.0
化妆品及卫生用品批发	97734.9	94432.2	33445.4
厨房、卫生间用具及日用杂货批发	63295.4	61715.2	36107.0
灯具、装饰物品批发	16416.6	16312.6	19039.2
家用电器批发	299999.6	296357.5	114247.7
其他家庭用品批发	137696.3	135942.6	113815.9
文化、体育用品及器材批发	350189.3	344514.1	174553.3
文具用品批发	116272.9	115177.6	25590.7
体育用品及器材批发	19093.4	19083.8	8568.1
图书批发	116415.5	114283.2	62925.7
报刊批发	5563.9	5544.5	17956.5
音像制品及电子出版物批发	3968.1	3968.1	4439.7
首饰、工艺品及收藏品批发	62479.4	60190.3	33146.1
其他文化用品批发	26396.0	26266.7	21926.6
医药及医疗器材批发	2781505.7	2772677.1	1195141.1
西药批发	1341130.5	1337159.9	610224.4
中药批发	704740.8	703606.5	462267.7
医疗用品及器材批发	735634.3	731910.7	122649.0
矿产品、建材及化工产品批发	26457354.4	26993254.3	11725241.5
煤炭及制品批发	1231966.5	1888169.4	967083.5
石油及制品批发	16500414.7	16430713.9	4023505.6
非金属矿及制品批发	304068.0	302486.6	126007.1
金属及金属矿批发	1660888.0	1651343.7	777943.9
建材批发	1479116.2	1458248.8	1401370.0
化肥批发	4092711.7	4079839.4	3841271.4
农药批发	132948.9	130800.5	37072.1
农用薄膜批发	15868.5	15695.5	25444.0
其他化工产品批发	1039371.8	1035956.6	525544.0

1-A-2 续表

单位：万元

分组	营业收入	#主营业务收入	资产总计
机械设备、五金产品及电子产品批发	3470062.7	3425433.9	2576857.3
农业机械批发	597770.5	591228.7	500367.6
汽车批发	652779.4	646903.1	248800.6
汽车零配件批发	166254.2	164633.1	110497.9
摩托车及零配件批发	10685.3	10550.4	10609.6
五金产品批发	272939.4	267653.3	204634.6
电气设备批发	310053.2	306769.6	73611.0
计算机、软件及辅助设备批发	300630.2	292312.5	122326.5
通讯及广播电视设备批发	113274.6	112230.7	58669.4
其他机械设备及电子产品批发	1045676.0	1033152.6	1247340.1
贸易经纪与代理	639306.4	632044.6	595576.4
贸易代理	488376.0	485049.6	470955.7
拍卖	15038.1	13952.8	58289.1
其他贸易经纪与代理	135892.3	133042.2	66331.6
其他批发业	1421948.6	1414737.0	1282333.1
再生物资回收与批发	233371.2	231130.0	218995.2
其他未列明批发业	1188577.4	1183607.0	1063337.9
按登记注册类型分组			
内资企业	51833611.9	52133901.6	27984318.3
国有企业	6040023.6	6608742.0	2776795.7
集体企业	192970.7	187227.0	145203.1
股份合作企业	116724.1	113610.3	81465.0
联营企业	24270.0	23497.9	19601.3
国有联营企业	6568.3	5801.1	6412.2
集体联营企业	6422.9	6419.9	3591.4
国有与集体联营企业	300.0	300.0	416.0
其他联营企业	10978.8	10976.9	9181.6
有限责任公司	26296096.1	26204511.8	12000367.5
国有独资公司	1578984.7	1578741.6	685935.9
其他有限责任公司	24717111.3	24625770.1	11314431.6
股份有限公司	5894121.0	5857222.3	4333947.3
私营企业	11022835.4	10947429.8	6741634.7
私营独资企业	1953984.5	1919599.1	1460754.0
私营合伙企业	215120.2	210796.1	128105.5
私营有限责任公司	8533750.2	8499044.4	4920438.5
私营股份有限公司	319980.6	317990.1	232336.7
其他企业	2246571.0	2191660.6	1885303.8
港、澳、台商投资企业	80412.9	80299.1	43172.7
合资经营企业	41907.3	41907.3	11046.3
合作经营企业	0.3	0.3	530.7
独资经营企业	18324.0	18324.0	29167.2
投资股份有限公司	20181.3	20067.5	2428.5
其他港澳台商投资企业			
外商投资企业	288431.4	286662.6	350971.7
中外合资经营企业	4778.7	4749.5	287576.8
中外合作经营企业	1920.0	1920.0	120.0
外资企业	278799.7	277061.1	48537.8
外商投资股份有限公司	1063.6	1063.6	702.3
其他外商投资企业	1869.4	1868.4	14034.8

1－A－3 零售业法人企业基本情况

分 组	法人单位数 (个)	年末从业人数 (人)	年末零售营业面积 (平方米)
总 计	**15305**	**226329**	**8684279**
按国民经济行业分组			
综合零售	1504	66764	3285493
百货零售	807	41713	2344854
超级市场零售	162	18805	673766
其他综合零售	535	6246	266873
食品、饮料及烟草制品专门零售	1502	15073	411133
粮油零售	310	3088	97346
糕点、面包零售	41	542	17049
果品、蔬菜零售	118	1842	62774
肉、禽、蛋、奶及水产品零售	196	2526	47432
营养和保健品零售	109	902	18462
酒、饮料及茶叶零售	265	2055	41185
烟草制品零售	17	314	8452
其他食品零售	446	3804	118433
纺织、服装及日用品专门零售	1189	24297	711451
纺织品及针织品零售	99	1197	103212
服装零售	558	17566	505264
鞋帽零售	66	1462	25666
化妆品及卫生用品零售	145	1166	17262
钟表、眼镜零售	87	952	15794
箱、包零售	8	52	1622
厨房用具及日用杂品零售	71	609	9952
自行车零售	10	37	1334
其他日用品零售	145	1256	31345
文化、体育用品及器材专门零售	613	14548	170880
文具用品零售	110	774	11852
体育用品及器材零售	67	3777	29458
图书、报刊零售	143	3820	79628
音像制品及电子出版物零售	3	48	510
珠宝首饰零售	125	5051	21610
工艺美术品及收藏品零售	72	496	17097
乐器零售	16	150	2062
照相器材零售	16	151	1124
其他文化用品零售	61	281	7539
医药及医疗器材专门零售	2720	29006	615910
药品零售	2349	26652	535027
医疗用品及器材零售	371	2354	80883
汽车、摩托车、燃料及零配件专门零售	2610	32047	1632966
汽车零售	1256	21055	886403

1-A-3 续表 1

分 组	法人单位数（个）	年末从业人数（人）	年末零售营业面积（平方米）
汽车零配件零售	487	2831	231190
摩托车及零配件零售	138	872	30803
机动车燃料零售	729	7289	484570
家用电器及电子产品专门零售	2080	21461	607002
家用视听设备零售	126	2445	61191
日用家电设备零售	367	6108	299974
计算机、软件及辅助设备零售	781	7024	115471
通信设备零售	205	2344	34478
其他电子产品零售	601	3540	95888
五金、家具及室内装饰材料专门零售	1780	12417	525388
五金零售	877	4814	114230
灯具零售	58	432	7992
家具零售	195	2429	253146
涂料零售	57	521	5718
卫生洁具零售	23	76	4755
木质装饰材料零售	113	753	33875
陶瓷、石材装饰材料零售	96	869	29078
其他室内装饰材料零售	361	2523	76594
货摊、无店铺及其他零售业	1307	10716	724056
货摊食品零售	6	43	715
货摊纺织、服装及鞋零售	13	124	3687
货摊日用品零售	10	51	15716
互联网零售	6	25	349
邮购及电视、电话零售	6	395	730
旧货零售	30	203	6535
生活用燃料零售	441	4355	495265
其他未列明零售业	795	5520	201059
按登记注册类型分组			
内资企业	15243	218394	8429372
国有企业	476	11424	372939
集体企业	500	6515	345763
股份合作企业	247	2951	108143
联营企业	80	771	29394
国有联营企业	16	114	5862
集体联营企业	29	162	11610
国有与集体联营企业	4	36	360
其他联营企业	31	459	11562
有限责任公司	4842	75490	2993427
国有独资公司	12	452	21738
其他有限责任公司	4830	75038	2971689

1-A-3　续表 2

分　组	法人单位数(个)	年末从业人数(人)	年末零售营业面积(平方米)
股份有限公司	449	17576	928374
私营企业	7154	89650	3224812
私营独资企业	2932	27641	901610
私营合伙企业	209	2137	110163
私营有限责任公司	3847	56337	2054645
私营股份有限公司	166	3535	158394
其他企业	1495	14017	426520
港、澳、台商投资企业	26	4727	127802
合资经营企业	10	1267	47562
合作经营企业	2	24	504
独资经营企业	12	1685	70079
投资股份有限公司	1	1120	9600
其他港澳台商投资企业	1	631	57
外商投资企业	36	3208	127105
中外合资经营企业	6	674	20526
中外合作经营企业	1	4	80
外资企业	20	2442	93864
外商投资股份有限公司	2	10	550
其他外商投资企业	7	78	12085
按零售业态分组			
有店铺零售	15246	225643	8670942
食杂店	49	372	11640
便利店	741	5558	199188
折扣店	33	202	8411
超市	348	12110	236571
大型超市	44	11192	558136
仓储会员店	80	744	45183
百货店	1333	56474	2781602
专业店	7305	78168	2610248
专卖店	4159	44050	1428668
家居建材商店	423	3426	252705
购物中心	73	8048	249606
厂家直销中心	658	5299	288984
无店铺零售	54	659	13337
电视购物	5	390	1000
邮购	9	35	675
网上商店	20	168	5260
自动售货亭	4	21	5556
电话购物	16	45	846

1－A－4　零售业法人企业财务状况

单位：万元

分　组	营业收入	#主营业务收入	资产总计
总　计	**16603321.7**	**16389006.7**	**10323785.8**
按国民经济行业分组			
综合零售	4524371.2	4404820.4	3317143.0
百货零售	3398816.9	3299613.3	1926695.3
超级市场零售	966834.0	949235.7	1279694.6
其他综合零售	158720.3	155971.3	110753.1
食品、饮料及烟草制品专门零售	583465.3	577045.8	388505.0
粮油零售	133079.6	131660.8	85130.8
糕点、面包零售	42650.7	42650.6	11819.7
果品、蔬菜零售	26890.2	26877.9	20050.2
肉、禽、蛋、奶及水产品零售	51162.9	50543.0	33678.1
营养和保健品零售	83018.9	82306.7	26035.6
酒、饮料及茶叶零售	63530.9	62569.9	105625.7
烟草制品零售	69971.7	69801.6	7694.4
其他食品零售	113160.4	110635.4	98470.5
纺织、服装及日用品专门零售	831341.3	818374.5	604305.2
纺织品及针织品零售	38393.3	37863.6	62598.4
服装零售	507561.4	496761.4	411395.4
鞋帽零售	155988.3	155709.0	19367.6
化妆品及卫生用品零售	25818.5	25571.2	13445.9
钟表、眼镜零售	36634.7	36418.1	27880.7
箱、包零售	1784.6	1784.6	306.4
厨房用具及日用杂品零售	21311.9	21074.5	15230.2
自行车零售	1752.4	1751.4	509.5
其他日用品零售	42096.1	41440.7	53571.0
文化、体育用品及器材专门零售	486126.9	482255.2	327504.6
文具用品零售	28640.7	28259.6	13404.7
体育用品及器材零售	167030.1	166837.3	132900.2
图书、报刊零售	182028.4	179450.1	100669.6
音像制品及电子出版物零售	766.7	766.7	904.1
珠宝首饰零售	72918.1	72848.6	55506.2
工艺美术品及收藏品零售	7788.7	7358.7	7189.2
乐器零售	3586.5	3482.2	4293.7
照相器材零售	12073.6	12066.6	3258.8
其他文化用品零售	11294.1	11185.5	9378.1
医药及医疗器材专门零售	1990620.2	1981534.8	1564682.2
药品零售	1880255.3	1872182.9	1498579.1
医疗用品及器材零售	110365.0	109351.9	66103.1
汽车、摩托车、燃料及零配件专门零售	5271177.9	5239873.3	2330949.4
汽车零售	4017007.8	4003397.3	1846296.1

1-A-4　续表 1　　单位：万元

分　组	营业收入	#主营业务收入	资产总计
汽车零配件零售	169125.7	167082.4	127895.8
摩托车及零配件零售	59032.0	58671.5	21060.2
机动车燃料零售	1026012.4	1010722.1	335697.3
家用电器及电子产品专门零售	1691517.1	1670729.2	857730.9
家用视听设备零售	138562.5	138341.0	112927.6
日用家电设备零售	632271.1	623789.0	424271.0
计算机、软件及辅助设备零售	421269.1	418618.6	162672.3
通信设备零售	214205.3	210383.7	66076.5
其他电子产品零售	285209.1	279596.9	91783.5
五金、家具及室内装饰材料专门零售	471380.6	466332.6	465084.1
五金零售	220721.1	219031.8	170949.4
灯具零售	8480.6	8480.6	13879.1
家具零售	123714.1	122721.9	98686.5
涂料零售	13144.0	13141.1	14047.3
卫生洁具零售	2825.3	2813.3	1393.4
木质装饰材料零售	18774.6	18470.6	49259.9
陶瓷、石材装饰材料零售	24095.7	23576.9	28562.7
其他室内装饰材料零售	59625.2	58096.6	88305.9
货摊、无店铺及其他零售业	753321.2	748041.0	467881.3
货摊食品零售	516.4	516.4	285.6
货摊纺织、服装及鞋零售	5032.8	4955.3	10399.2
货摊日用品零售	6555.6	6555.6	1916.3
互联网零售	603.7	603.7	83.7
邮购及电视、电话零售	17123.4	17123.4	11837.9
旧货零售	6882.2	6862.2	2141.8
生活用燃料零售	465630.7	464353.0	229914.1
其他未列明零售业	250976.6	247071.5	211302.8
按登记注册类型分组			
内资企业	15822424.4	15628238.4	9066125.6
国有企业	1255849.2	1251818.7	361974.2
集体企业	226250.4	224512.8	134760.9
股份合作企业	92524.4	91562.7	67344.5
联营企业	52149.7	51759.8	17280.8
国有联营企业	13347.0	13212.3	2197.0
集体联营企业	7119.2	7003.0	2100.7
国有与集体联营企业	118.0	118.0	93.0
其他联营企业	31565.5	31426.4	12890.1
有限责任公司	6089452.3	5999301.6	3241777.9
国有独资公司	106480.0	106262.3	23465.7
其他有限责任公司	5982972.3	5893039.4	3218312.2

1-A-4 续表 2 单位：万元

分　　组	营业收入	#主营业务收入	资产总计
股份有限公司	2475412.0	2430108.3	1932291.3
私营企业	5180262.9	5139246.0	3021010.4
私营独资企业	700731.1	693971.9	539975.4
私营合伙企业	75713.6	74112.2	47908.1
私营有限责任公司	4096787.2	4064441.2	2253166.7
私营股份有限公司	307031.0	306720.8	179960.2
其他企业	450523.6	439928.5	289685.6
港、澳、台商投资企业	428085.1	419210.1	297184.5
合资经营企业	224637.6	223669.4	204911.3
合作经营企业	1610.0	1610.0	1884.0
独资经营企业	112133.1	109275.8	61345.6
投资股份有限公司	3926.1	3926.1	6773.6
其他港澳台商投资企业	85778.3	80728.8	22270.0
外商投资企业	352812.3	341558.3	960475.7
中外合资经营企业	162613.6	152793.0	76562.5
中外合作经营企业	490.0	490.0	100.0
外资企业	183571.9	182141.5	883359.1
外商投资股份有限公司	273.4	273.4	151.0
其他外商投资企业	5863.3	5860.3	303.1
按零售业态分组			
有店铺零售	16582155.7	16367942.4	10306707.6
食杂店	14794.6	14407.9	7053.3
便利店	150349.4	147888.5	134478.7
折扣店	7085.6	7058.9	4887.7
超市	343789.5	339011.2	968917.1
大型超市	663689.7	649523.1	323560.9
仓储会员店	24125.5	23529.9	15260.3
百货店	3939710.0	3828960.2	2318298.0
专业店	7442223.6	7395871.9	4090323.6
专卖店	3245613.4	3215602.1	1669670.1
家居建材商店	172435.7	171125.3	154172.3
购物中心	119031.2	118019.7	216226.0
厂家直销中心	459307.5	456943.8	403859.8
无店铺零售	21050.5	20949.3	16217.0
电视购物	17052.1	17052.1	11667.9
邮购	79.6	79.6	104.5
网上商店	2296.1	2296.1	2906.2
自动售货亭	464.3	363.1	658.1
电话购物	1158.4	1158.4	880.3

B.地区部分

1-B-1　分地区批发业法人企业基本情况

地　区	法人单位数（个）	年末从业人数（人）
全　省	**24649**	**299855**
哈尔滨	10561	119826
齐齐哈尔	1779	19711
鸡　西	571	9893
鹤　岗	303	5175
双鸭山	509	6742
大　庆	3773	37027
伊　春	190	2789
佳木斯	876	12148
七台河	502	6535
牡丹江	2525	44425
黑　河	620	5070
绥　化	749	10681
大兴安岭	140	1694
农垦总局	763	11489
绥芬河	683	6012
抚　远	105	638

1-B-2　分地区批发业法人企业基本情况(按国民经济行业分)

(农、林、牧产品批发)

地　区	法人单位数（个）	年末从业人数（人）
全　省	**5961**	**98817**
哈尔滨	1418	25363
齐齐哈尔	499	6323
鸡　西	169	3896
鹤　岗	47	2199
双鸭山	160	2533
大　庆	1282	17751
伊　春	31	426
佳木斯	318	4593
七台河	273	3737
牡丹江	1012	20446
黑　河	191	1640
绥　化	284	4044
大兴安岭	46	443
农垦总局	223	5348
绥芬河	6	61
抚　远	2	14

1–B–2 续表 1

(食品、饮料及烟草制品批发)

地 区	法人单位数(个)	年末从业人数(人)
全 省	**2596**	**39328**
哈尔滨	969	12858
齐齐哈尔	108	1914
鸡 西	59	1273
鹤 岗	39	710
双鸭山	62	1005
大 庆	627	8008
伊 春	27	508
佳木斯	69	1202
七台河	59	1153
牡丹江	359	7335
黑 河	58	462
绥 化	87	1641
大兴安岭	19	235
农垦总局	16	712
绥芬河	16	170
抚 远	22	142

1–B–2 续表 2

(纺织、服装及家庭用品批发)

地 区	法人单位数(个)	年末从业人数(人)
全 省	**1506**	**16107**
哈尔滨	937	9069
齐齐哈尔	51	2477
鸡 西	11	101
鹤 岗	6	87
双鸭山	10	69
大 庆	128	698
伊 春		
佳木斯	25	301
七台河	7	45
牡丹江	217	2474
黑 河	22	154
绥 化	6	70
大兴安岭	2	3
农垦总局	3	30
绥芬河	35	282
抚 远	46	247

1-B-2　续表 3

(文化、体育用品及器材批发)

地　　区	法人单位数(个)	年末从业人数(人)
全　　省	**445**	**4722**
哈 尔 滨	364	3889
齐齐哈尔	11	71
鸡　　西	1	9
鹤　　岗		
双 鸭 山	3	14
大　　庆	28	145
伊　　春	1	55
佳 木 斯	10	252
七 台 河	2	11
牡 丹 江	20	232
黑　　河		
绥　　化		
大兴安岭	1	2
农垦总局	3	37
绥 芬 河	1	5
抚　　远		

1-B-2　续表 4

(医药及医疗器材批发)

地　　区	法人单位数(个)	年末从业人数(人)
全　　省	**882**	**13233**
哈 尔 滨	624	9567
齐齐哈尔	56	572
鸡　　西	4	63
鹤　　岗	6	197
双 鸭 山	7	94
大　　庆	77	787
伊　　春	5	115
佳 木 斯	15	278
七 台 河	6	33
牡 丹 江	52	1113
黑　　河	5	58
绥　　化	6	237
大兴安岭	1	22
农垦总局	18	97
绥 芬 河		
抚　　远		

1-B-2 续表 5

(矿产品、建材及化工产品批发)

地 区	法人单位数 (个)	年末从业人数 (人)
全 省	**6368**	**69774**
哈尔滨	2602	27541
齐齐哈尔	649	5577
鸡 西	175	2645
鹤 岗	124	1397
双鸭山	158	1951
大 庆	723	4957
伊 春	65	1158
佳木斯	270	4113
七台河	112	1232
牡丹江	364	6469
黑 河	163	1495
绥 化	241	3452
大兴安岭	36	742
农垦总局	427	4669
绥芬河	234	2221
抚 远	25	155

1-B-2 续表 6

(机械设备、五金产品及电子产品批发)

地 区	法人单位数 (个)	年末从业人数 (人)
全 省	**4254**	**35631**
哈尔滨	2360	20382
齐齐哈尔	271	1873
鸡 西	86	1473
鹤 岗	50	349
双鸭山	50	702
大 庆	725	3694
伊 春	31	196
佳木斯	118	1028
七台河	24	248
牡丹江	252	3251
黑 河	81	655
绥 化	79	734
大兴安岭	10	52
农垦总局	63	540
绥芬河	46	386
抚 远	8	68

1-B-2　续表 7

(贸易经纪与代理)

地　区	法人单位数 (个)	年末从业人数 (人)
全　省	**1135**	**9166**
哈尔滨	605	4828
齐齐哈尔	32	230
鸡　西	35	187
鹤　岗	12	126
双鸭山	24	102
大　庆	34	162
伊　春	9	149
佳木斯	26	160
七台河	5	32
牡丹江	183	2090
黑　河	75	424
绥　化	18	250
大兴安岭	3	5
农垦总局	1	4
绥芬河	73	417
抚　远		

1-B-2　续表 8

(其他批发业)

地　区	法人单位数 (个)	年末从业人数 (人)
全　省	**1502**	**13077**
哈尔滨	682	6329
齐齐哈尔	102	674
鸡　西	31	246
鹤　岗	19	110
双鸭山	35	272
大　庆	149	825
伊　春	21	182
佳木斯	25	221
七台河	14	44
牡丹江	66	1015
黑　河	25	182
绥　化	28	253
大兴安岭	22	190
农垦总局	9	52
绥芬河	272	2470
抚　远	2	12

1-B-3　分地区批发业法人企业基本情况(按登记注册类型分)

(内资企业)

地　区	法人单位数(个)	年末从业人数(人)
全　省	**24593**	**297498**
哈 尔 滨	10523	117734
齐齐哈尔	1775	19675
鸡　西	570	9878
鹤　岗	303	5175
双 鸭 山	508	6732
大　庆	3769	36987
伊　春	190	2789
佳 木 斯	875	12108
七 台 河	502	6535
牡 丹 江	2524	44396
黑　河	617	5024
绥　化	749	10681
大兴安岭	139	1690
农垦总局	763	11489
绥 芬 河	682	5975
抚　远	104	630

1-B-3　续表 1

(国有企业)

地　区	法人单位数(个)	年末从业人数(人)
全　省	**622**	**24300**
哈 尔 滨	195	7266
齐齐哈尔	33	797
鸡　西	46	2211
鹤　岗	33	1850
双 鸭 山	27	1368
大　庆	36	1550
伊　春	17	596
佳 木 斯	23	844
七 台 河	3	227
牡 丹 江	41	2211
黑　河	28	611
绥　化	62	2975
大兴安岭	24	339
农垦总局	48	1327
绥 芬 河	4	113
抚　远	2	15

1-B-3　续表 2

(集体企业)

地　　区	法人单位数 (个)	年末从业人数 (人)
全　　省	**349**	**4638**
哈 尔 滨	118	1454
齐齐哈尔	29	261
鸡　　西	44	496
鹤　　岗	8	97
双 鸭 山	9	71
大　　庆	23	119
伊　　春	5	22
佳 木 斯	23	786
七 台 河	4	44
牡 丹 江	41	840
黑　　河	12	80
绥　　化	28	320
大兴安岭	3	43
农垦总局	2	5
绥 芬 河		
抚　　远		

1-B-3　续表 3

(股份合作企业)

地　　区	法人单位数 (个)	年末从业人数 (人)
全　　省	**231**	**2645**
哈 尔 滨	116	1027
齐齐哈尔	32	273
鸡　　西	9	337
鹤　　岗	3	14
双 鸭 山	5	71
大　　庆	10	117
伊　　春	3	49
佳 木 斯	13	192
七 台 河	5	40
牡 丹 江	22	444
黑　　河	4	22
绥　　化	2	10
大兴安岭		
农垦总局	4	29
绥 芬 河		
抚　　远	3	20

1-B-3 续表 4

(联营企业)

地　区	法人单位数 (个)	年末从业人数 (人)
全　省	**57**	**817**
哈尔滨	24	406
齐齐哈尔	2	8
鸡　西	4	70
鹤　岗	2	5
双鸭山	2	4
大　庆	3	28
伊　春		
佳木斯	6	63
七台河	4	134
牡丹江	2	18
黑　河		
绥　化	7	71
大兴安岭		
农垦总局	1	10
绥芬河		
抚　远		

1-B-3 续表 5

(有限责任公司)

地　区	法人单位数 (个)	年末从业人数 (人)
全　省	**7050**	**79905**
哈尔滨	4629	47320
齐齐哈尔	400	4557
鸡　西	142	2814
鹤　岗	117	1446
双鸭山	104	1114
大　庆	281	2199
伊　春	62	826
佳木斯	171	2335
七台河	22	264
牡丹江	335	5062
黑　河	155	1550
绥　化	176	2167
大兴安岭	35	651
农垦总局	121	4827
绥芬河	214	2266
抚　远	86	507

1-B-3　续表 6

(股份有限公司)

地　　区	法人单位数 (个)	年末从业人数 (人)
全　　省	**576**	**19698**
哈尔滨	250	5216
齐齐哈尔	63	4547
鸡　　西	12	469
鹤　　岗	13	643
双鸭山	16	858
大　　庆	27	1134
伊　　春	5	424
佳木斯	25	1369
七台河	6	495
牡丹江	37	494
黑　　河	22	348
绥　　化	31	1037
大兴安岭	5	219
农垦总局	31	2032
绥芬河	32	406
抚　　远	1	7

1-B-3　续表 7

(私营企业)

地　　区	法人单位数 (个)	年末从业人数 (人)
全　　省	**10539**	**92729**
哈尔滨	3694	34212
齐齐哈尔	1034	7858
鸡　　西	253	2779
鹤　　岗	113	948
双鸭山	310	3021
大　　庆	1782	9491
伊　　春	78	647
佳木斯	458	4734
七台河	137	1087
牡丹江	1101	16962
黑　　河	348	2089
绥　　化	337	3020
大兴安岭	51	254
农垦总局	442	2613
绥芬河	392	2975
抚　　远	9	39

1-B-3 续表 8

(其他企业)

地 区	法人单位数(个)	年末从业人数(人)
全 省	**5169**	**72766**
哈尔滨	1497	20833
齐齐哈尔	182	1374
鸡 西	60	702
鹤 岗	14	172
双鸭山	35	225
大 庆	1607	22349
伊 春	20	225
佳木斯	156	1785
七台河	321	4244
牡丹江	945	18365
黑 河	48	324
绥 化	106	1081
大兴安岭	21	184
农垦总局	114	646
绥芬河	40	215
抚 远	3	42

1-B-3 续表 9

(港、澳、台商投资企业)

地 区	法人单位数(个)	年末从业人数(人)
全 省	**19**	**929**
哈尔滨	11	799
齐齐哈尔		
鸡 西		
鹤 岗		
双鸭山	1	10
大 庆	3	20
伊 春		
佳木斯		
七台河		
牡丹江	1	29
黑 河	1	26
绥 化		
大兴安岭		
农垦总局		
绥芬河	1	37
抚 远	1	8

1-B-3　续表 10

(外商投资企业)

地　区	法人单位数（个）	年末从业人数（人）
全　省	**37**	**1428**
哈尔滨	27	1293
齐齐哈尔	4	36
鸡　西	1	15
鹤　岗		
双鸭山		
大　庆	1	20
伊　春		
佳木斯	1	40
七台河		
牡丹江		
黑　河	2	20
绥　化		
大兴安岭	1	4
农垦总局		
绥芬河		
抚　远		

1-B-4　分地区批发业法人企业财务状况

单位：万元

地　区	营业收入	#主营业务收入	资产总计
全　省	**52202456.2**	**52500863.3**	**28378462.6**
哈尔滨	20154815.7	20569289.8	13122776.8
齐齐哈尔	2260948.0	2247842.9	1410231.6
鸡　西	1459889.9	1453210.3	1003242.8
鹤　岗	446600.9	444291.9	647710.8
双鸭山	469316.6	467881.2	367841.8
大　庆	13193340.9	13152647.9	2412253.2
伊　春	347071.6	345761.6	218928.6
佳木斯	993903.6	988000.7	509206.2
七台河	267947.5	265031.4	217971.5
牡丹江	4812322.1	4805033.5	2090474.9
黑　河	511915.9	507310.1	376396.9
绥　化	831562.9	815045.2	523368.5
大兴安岭	904728.3	902965.5	412935.0
农垦总局	2755668.1	2745145.5	1759141.5
绥芬河	2741129.1	2740118.0	3277652.7
抚　远	51295.1	51287.9	28329.9

1-B-5 分地区批发业法人企业财务状况(按国民经济行业分)

(农、林、牧产品批发)　　单位：万元

地区	营业收入	#主营业务收入	资产总计
全省	**6810805.0**	**6739868.6**	**5438824.9**
哈尔滨	2039440.4	1989305.3	1455672.0
齐齐哈尔	1192202.2	1189068.7	809405.2
鸡西	432958.7	431429.5	595420.5
鹤岗	136408.6	136173.9	398518.9
双鸭山	75599.4	75018.4	76480.1
大庆	499740.3	497889.0	250176.6
伊春	22881.7	22871.5	4831.1
佳木斯	368782.9	368199.0	165039.6
七台河	38423.5	37700.5	79551.0
牡丹江	1159454.0	1159122.0	774770.7
黑河	39314.3	39168.4	129382.9
绥化	164992.9	160407.6	204529.1
大兴安岭	19609.3	18848.8	11008.5
农垦总局	608440.7	602110.1	479950.1
绥芬河	10398.2	10398.2	4054.7
抚远	2158.0	2158.0	34.0

1-B-5 续表 1

(食品、饮料及烟草制品批发)　　单位：万元

地区	营业收入	#主营业务收入	资产总计
全省	**8078948.0**	**8006040.6**	**4240326.5**
哈尔滨	3839490.6	3817559.0	2017424.5
齐齐哈尔	397142.1	390417.5	168252.0
鸡西	471449.6	471285.8	176603.2
鹤岗	84794.8	84741.0	52472.6
双鸭山	111572.4	111419.4	131874.4
大庆	378961.4	343713.8	206068.7
伊春	78502.6	78502.6	33831.0
佳木斯	173422.3	173316.2	73040.2
七台河	63356.3	62687.1	31035.4
牡丹江	1087064.6	1081714.7	383048.6
黑河	98396.7	98020.5	32003.9
绥化	260121.0	259511.2	134386.8
大兴安岭	29811.1	29786.0	13905.3
农垦总局	970317.2	968821.6	772559.7
绥芬河	21617.2	21616.1	9244.7
抚远	12928.2	12928.2	4575.5

1—B—5　续表 2

(纺织、服装及家庭用品批发)　单位：万元

地　区	营业收入	#主营业务收入	资产总计
全　省	**2192336.3**	**2172293.2**	**1149608.5**
哈尔滨	729333.3	712176.0	742897.4
齐齐哈尔	12381.4	11943.0	23719.0
鸡　西	764.0	714.0	905.0
鹤　岗	5231.2	5231.2	4132.1
双鸭山	313.6	309.6	1928.3
大　庆	49942.1	49796.5	52689.5
伊　春			
佳木斯	3664.3	3652.3	4104.2
七台河	491.0	363.0	250.6
牡丹江	1266676.5	1265588.7	286982.6
黑　河	53296.0	52296.0	5877.4
绥　化	970.4	970.4	3556.5
大兴安岭			38.0
农垦总局	429.9	429.9	396.6
绥芬河	35589.1	35571.1	7033.4
抚　远	33253.6	33251.6	15098.0

1—B—5　续表 3

(文化、体育用品及器材批发)　单位：万元

地　区	营业收入	#主营业务收入	资产总计
全　省	**256809.5**	**251220.6**	**144614.6**
哈尔滨	1656.4	1623.3	1257.6
齐齐哈尔	97.0	97.0	
鸡　西			
鹤　岗	152.7	152.7	214.2
双鸭山	65636.3	65595.4	11922.1
大　庆	1163.9	1163.9	443.2
伊　春	2219.2	2219.2	3296.4
佳木斯	40.0	35.0	40.0
七台河	19925.6	19925.6	10630.4
牡丹江			
黑　河			
绥　化	50.8	50.8	102.0
大兴安岭	1897.9	1890.7	1532.7
农垦总局	540.0	540.0	500.0
绥芬河			
抚　远			

1−B−5 续表 4

(医药及医疗器材批发) 单位：万元

地　区	营业收入	#主营业务收入	资产总计
全　省	**2781505.7**	**2772677.1**	**1195141.1**
哈尔滨	2530285.0	2521919.0	988983.2
齐齐哈尔	45386.6	45328.2	47175.5
鸡　西	5854.9	5854.9	2956.7
鹤　岗	23437.1	23437.1	24445.0
双鸭山	962.6	934.4	536.0
大　庆	61847.4	61685.5	38183.7
伊　春	1977.2	1975.3	3160.0
佳木斯	9745.2	9661.5	10528.1
七台河	121.7	121.7	320.7
牡丹江	76394.1	76284.3	50369.3
黑　河	138.6	126.6	271.0
绥　化	18328.5	18323.5	16427.0
大兴安岭	900.0	900.0	5260.0
农垦总局	6126.8	6125.2	6525.0
绥芬河			
抚　远			

1−B−5 续表 5

(矿产品、建材及化工产品批发) 单位：万元

地　区	营业收入	#主营业务收入	资产总计
全　省	**26457354.4**	**26993254.3**	**11725241.5**
哈尔滨	7493767.7	8059589.0	4733256.3
齐齐哈尔	528167.7	527086.9	248729.4
鸡　西	437972.0	434348.6	191010.7
鹤　岗	179447.1	177434.1	142060.8
双鸭山	247532.8	246900.0	127164.0
大　庆	11656121.1	11654627.9	1528776.5
伊　春	124226.4	122951.5	79350.9
佳木斯	390235.3	385358.2	215275.4
七台河	159868.1	158539.0	71687.4
牡丹江	660577.2	660452.2	292984.4
黑　河	251846.2	249168.8	86118.1
绥　化	334463.6	327976.3	118358.9
大兴安岭	847245.2	846470.8	377112.5
农垦总局	1097299.1	1094666.1	432131.7
绥芬河	2046470.8	2045570.9	3075912.1
抚　远	2114.1	2114.1	5312.4

1–B–5　续表 6

(机械设备、五金产品及电子产品批发)　　单位：万元

地　区	营业收入	#主营业务收入	资产总计
全　省	**3470062.7**	**3425433.9**	**2576857.3**
哈尔滨	2299575.7	2264420.8	1755056.4
齐齐哈尔	69149.4	67698.9	85315.7
鸡　西	78812.0	78242.0	22847.2
鹤　岗	10321.0	10313.6	9895.1
双鸭山	7183.9	7176.0	11071.5
大　庆	460721.6	459167.9	288038.4
伊　春	15697.2	15696.2	13208.1
佳木斯	24756.1	24557.8	30481.7
七台河	5160.0	5120.2	29356.5
牡丹江	263406.2	263123.1	129058.0
黑　河	47560.0	47199.3	49223.5
绥　化	47486.0	42730.4	39895.7
大兴安岭	3566.0	3369.9	3181.6
农垦总局	69636.0	69591.4	64990.4
绥芬河	66328.6	66328.6	42757.7
抚　远	703.0	697.8	2480.0

1–B–5　续表 7

(贸易经纪与代理)　　单位：万元

地　区	营业收入	#主营业务收入	资产总计
全　省	**639306.4**	**632044.6**	**595576.4**
哈尔滨	257904.8	251296.4	314020.9
齐齐哈尔	3827.5	3666.0	10376.0
鸡　西	8879.5	8495.4	7174.8
鹤　岗	6340.5	6340.5	15495.3
双鸭山	22968.8	22967.3	11942.0
大　庆	2534.2	2534.2	9787.4
伊　春	9812.5	9792.5	4665.6
佳木斯	14927.3	14927.3	4864.0
七台河	354.0	335.0	956.0
牡丹江	232914.9	232913.9	132722.8
黑　河	20080.9	20049.4	68783.3
绥　化	3889.2	3886.2	2144.0
大兴安岭	30.0	30.0	121.0
农垦总局	795.0	795.0	50.0
绥芬河	54047.4	54015.5	12473.3
抚　远			

1-B-5 续表 8

(其他批发业) 单位：万元

地　区	营业收入	#主营业务收入	资产总计
全　省	**1421948.6**	**1414737.0**	**1282333.1**
哈尔滨	708208.7	701803.9	970851.5
齐齐哈尔	11034.9	11010.4	16001.3
鸡　西	23102.3	22743.1	6324.7
鹤　岗	620.6	620.6	691.1
双鸭山	3030.4	3003.4	6631.5
大　庆	17836.6	17637.7	26610.3
伊　春	92810.1	92808.1	79438.7
佳木斯	6151.0	6109.2	2576.5
七台河	133.0	130.0	4774.0
牡丹江	45909.2	45909.2	29908.0
黑　河	1283.2	1281.2	4736.7
绥　化	1311.3	1239.7	4070.5
大兴安岭	3515.8	3509.2	2206.0
农垦总局	725.5	715.5	1005.2
绥芬河	506137.8	506077.6	125677.0
抚　远	138.2	138.2	830.0

1-B-6 分地区批发业法人企业财务状况(按登记注册类型分)

(内资企业) 单位：万元

地　区	营业收入	#主营业务收入	资产总计
全　省	**51833611.9**	**52133901.6**	**27984318.3**
哈尔滨	19809933.6	20224558.3	12757944.9
齐齐哈尔	2258569.9	2245494.7	1406991.0
鸡　西	1459629.6	1452949.9	1002878.4
鹤　岗	446600.9	444291.9	647710.8
双鸭山	469234.6	467799.2	367816.8
大　庆	13192267.2	13151574.1	2409639.9
伊　春	347071.6	345761.6	218928.6
佳木斯	992367.6	986464.7	507893.0
七台河	267947.5	265031.4	217971.5
牡丹江	4811070.3	4803781.7	2089473.5
黑　河	508605.9	505002.1	374986.9
绥　化	831562.9	815045.2	523368.5
大兴安岭	902728.3	901665.5	411955.0
农垦总局	2755668.1	2745145.5	1759141.5
绥芬河	2729059.3	2728048.2	3259818.9
抚　远	51294.8	51287.6	27799.2

1-B-6　续表 1

(国有企业)　　单位：万元

地　区	营业收入	#主营业务收入	资产总计
全　省	**6040023.6**	**6608742.0**	**2776795.7**
哈尔滨	1385955.1	2001810.0	977045.1
齐齐哈尔	259672.1	259478.7	109364.8
鸡　西	156206.4	155336.9	413872.7
鹤　岗	158512.8	158351.0	377296.6
双鸭山	101347.9	101230.9	46929.3
大　庆	2512124.9	2477285.6	149663.0
伊　春	70796.3	70793.3	23648.8
佳木斯	158746.8	158718.3	60547.8
七台河	57628.2	56981.0	20225.1
牡丹江	520505.2	515229.8	251153.4
黑　河	87472.5	87366.1	50209.1
绥　化	447298.2	442892.9	219314.2
大兴安岭	44154.5	44129.4	24574.9
农垦总局	66031.4	65597.7	48472.5
绥芬河	13454.1	13423.1	4431.2
抚　远	117.5	117.5	47.0

1-B-6　续表 2

(集体企业)　　单位：万元

地　区	营业收入	#主营业务收入	资产总计
全　省	**192970.7**	**187227.0**	**145203.1**
哈尔滨	82744.9	77677.5	84211.5
齐齐哈尔	5297.8	5192.8	4249.1
鸡　西	19480.8	19268.6	9564.4
鹤　岗	2890.8	2890.8	1302.1
双鸭山	465.5	465.5	2856.7
大　庆	1171.3	1166.3	1793.6
伊　春	480.6	473.6	247.0
佳木斯	22849.0	22604.0	12808.9
七台河	3562.7	3562.7	832.3
牡丹江	38584.8	38575.8	18669.6
黑　河	5719.8	5626.7	5093.8
绥　化	8216.4	8216.4	3503.9
大兴安岭	1505.0	1505.0	58.4
农垦总局	1.3	1.3	12.0
绥芬河			
抚　远			

1-B-6 续表 3

(股份合作企业) 单位：万元

地区	营业收入	#主营业务收入	资产总计
全省	**116724.1**	**113610.3**	**81465.0**
哈尔滨	57123.1	55027.2	15737.3
齐齐哈尔	18518.5	18354.5	17494.1
鸡西	10196.2	9354.2	10526.7
鹤岗	547.6	547.6	94.0
双鸭山	2595.0	2595.0	11484.0
大庆	828.7	828.7	2354.0
伊春	419.2	419.2	150.1
佳木斯	3423.2	3411.8	1562.8
七台河	1836.7	1836.2	1386.3
牡丹江	19240.1	19240.1	15495.9
黑河	30.9	30.9	3181.0
绥化	70.0	70.0	105.0
大兴安岭			
农垦总局	541.0	541.0	1805.7
绥芬河			
抚远	1354.0	1354.0	88.0

1-B-6 续表 4

(联营企业) 单位：万元

地区	营业收入	#主营业务收入	资产总计
全省	**24270.0**	**23497.9**	**19601.3**
哈尔滨	17308.1	16551.8	10682.3
齐齐哈尔	8.0	6.0	10.0
鸡西	2164.7	2154.7	1665.0
鹤岗	5.0	5.0	1.0
双鸭山	300.0	300.0	16.0
大庆	314.5	313.8	542.0
伊春			
佳木斯	1676.6	1675.5	514.0
七台河	175.0	175.0	4720.0
牡丹江	990.1	990.1	410.0
黑河			
绥化	1278.0	1276.0	981.0
大兴安岭			
农垦总局	50.0	50.0	60.0
绥芬河			
抚远			

1-B-6　续表 5

(有限责任公司)　　单位：万元

地　区	营业收入	#主营业务收入	资产总计
全　省	**26296096.1**	**26204511.8**	**12000367.5**
哈尔滨	10170998.2	10095208.1	6798150.5
齐齐哈尔	865221.2	863458.9	234338.2
鸡　西	694934.2	694083.1	295908.5
鹤　岗	127416.3	127044.1	142069.1
双鸭山	80081.7	79989.2	58760.3
大　庆	8495183.6	8494919.4	1278371.1
伊　春	125948.9	125947.0	145639.7
佳木斯	293162.6	292802.9	171548.7
七台河	7053.4	7034.1	14073.5
牡丹江	2007103.4	2007003.7	506333.6
黑　河	46034.7	45643.9	112949.0
绥　化	140003.3	133833.3	125894.2
大兴安岭	797649.6	797603.0	107447.8
农垦总局	1739529.4	1734748.5	1433388.9
绥芬河	662517.5	661936.6	551360.2
抚　远	43258.1	43255.9	24134.4

1-B-6　续表 6

(股份有限公司)　　单位：万元

地　区	营业收入	#主营业务收入	资产总计
全　省	**5894121.0**	**5857222.3**	**4333947.3**
哈尔滨	2252547.7	2236073.8	1108975.6
齐齐哈尔	477094.8	476411.3	166456.5
鸡　西	225770.2	222355.8	57928.3
鹤　岗	105443.8	103688.1	45057.1
双鸭山	172198.1	172196.1	82190.3
大　庆	569944.6	569849.6	125530.1
伊　春	89863.0	88592.1	19003.2
佳木斯	242494.1	238897.3	46178.2
七台河	133773.9	132452.8	45092.8
牡丹江	65542.5	65541.5	24437.6
黑　河	183332.7	180825.1	87436.2
绥　化	138240.4	134803.4	63105.3
大兴安岭	52528.3	51753.9	250874.1
农垦总局	716659.1	715153.6	127416.9
绥芬河	468558.3	468498.3	2084055.2
抚　远	129.6	129.6	210.0

1-B-6 续表 7

(私营企业) 单位：万元

地区	营业收入	#主营业务收入	资产总计
全省	**11022835.4**	**10947429.8**	**6741634.7**
哈尔滨	4825410.3	4772523.4	2969489.0
齐齐哈尔	598708.2	589440.7	794499.5
鸡西	318955.5	318699.0	180385.3
鹤岗	48112.5	48112.5	77293.3
双鸭山	108002.4	106819.4	162589.9
大庆	1515825.6	1512370.1	652269.3
伊春	54591.8	54570.7	27963.1
佳木斯	184661.8	183200.2	183774.7
七台河	29434.3	29265.3	74873.2
牡丹江	1311202.9	1309859.2	700667.3
黑河	177568.9	177064.2	109364.7
绥化	77180.2	75824.1	84032.9
大兴安岭	4823.6	4606.9	22775.7
农垦总局	217071.2	214050.4	119565.0
绥芬河	1545330.8	1545073.2	580792.2
抚远	5955.6	5950.6	1299.8

1-B-6 续表 8

(其他企业) 单位：万元

地区	营业收入	#主营业务收入	资产总计
全省	**2246571.0**	**2191660.6**	**1885303.8**
哈尔滨	1017846.3	969686.5	793653.6
齐齐哈尔	34049.3	33151.9	80578.8
鸡西	31921.6	31697.6	33027.7
鹤岗	3672.1	3652.9	4597.7
双鸭山	4244.0	4203.0	2990.4
大庆	96874.0	94840.6	199116.9
伊春	4971.9	4965.9	2276.7
佳木斯	85353.6	85154.6	30957.9
七台河	34483.4	33724.4	56768.4
牡丹江	847901.3	847341.5	572306.1
黑河	8446.5	8445.3	6753.0
绥化	19276.4	18129.1	26432.0
大兴安岭	2067.4	2067.4	6224.0
农垦总局	15784.7	15003.1	28420.5
绥芬河	39198.6	39116.9	39180.0
抚远	480.0	480.0	2020.0

1–B–6　续表 9

(港、澳、台商投资企业)　　单位：万元

地　区	营业收入	#主营业务收入	资产总计
全　省	**80412.9**	**80299.1**	**43172.7**
哈尔滨	65635.3	65521.5	20968.5
齐齐哈尔			
鸡　西			
鹤　岗			
双鸭山	82.0	82.0	25.0
大　庆	1073.8	1073.8	2413.3
伊　春			
佳木斯			
七台河			
牡丹江	1251.8	1251.8	1001.4
黑　河	300.0	300.0	400.0
绥　化			
大兴安岭			
农垦总局			
绥芬河	12069.8	12069.8	17833.8
抚　远	0.3	0.3	530.7

1–B–6　续表 10

(外商投资企业)　　单位：万元

地　区	营业收入	#主营业务收入	资产总计
全　省	**288431.4**	**286662.6**	**350971.7**
哈尔滨	279246.8	279210.1	343863.5
齐齐哈尔	2378.2	2348.2	3240.6
鸡　西	260.4	260.4	364.4
鹤　岗			
双鸭山			
大　庆			200.0
伊　春			
佳木斯	1536.0	1536.0	1313.2
七台河			
牡丹江			
黑　河	3010.0	2008.0	1010.0
绥　化			
大兴安岭	2000.0	1300.0	980.0
农垦总局			
绥芬河			
抚　远			

1-B-7 分地区零售业法人企业基本情况

地　　区	法人单位数(个)	年末从业人数(人)	年末零售营业面积(平方米)
全　　省	**15305**	**226329**	**8684279**
哈 尔 滨	7247	91408	3307769
齐齐哈尔	1162	11349	484479
鸡　　西	485	5437	286687
鹤　　岗	233	6216	357335
双 鸭 山	283	7109	292523
大　　庆	2082	33012	1201401
伊　　春	298	3258	114022
佳 木 斯	623	15650	529832
七 台 河	242	2185	111596
牡 丹 江	1012	20638	572364
黑　　河	366	6422	260003
绥　　化	914	20162	879397
大兴安岭	173	1565	113923
农垦总局	134	1137	107059
绥 芬 河	28	395	32180
抚　　远	23	386	33709

1-B-8 分地区零售业法人企业基本情况(按国民经济行业分)

(综合零售)

地　　区	法人单位数(个)	年末从业人数(人)	年末零售营业面积(平方米)
全　　省	**1504**	**66764**	**3285493**
哈 尔 滨	608	18493	1012997
齐齐哈尔	78	1773	140175
鸡　　西	99	2187	133313
鹤　　岗	18	2999	187871
双 鸭 山	40	3990	136930
大　　庆	107	10549	459073
伊　　春	16	842	39181
佳 木 斯	70	6845	317273
七 台 河	20	443	46467
牡 丹 江	156	5901	201131
黑　　河	40	2273	84618
绥　　化	204	9240	370992
大兴安岭	20	354	67364
农垦总局	18	452	29458
绥 芬 河	4	178	27550
抚　　远	6	245	31100

1–B–8　续表 1

(食品、饮料及烟草制品专门零售)

地　　区	法人单位数 (个)	年末从业人数 (人)	年末零售营业面积 (平方米)
全　　省	**1502**	**15073**	**411133**
哈 尔 滨	665	5824	175667
齐齐哈尔	83	886	30866
鸡　　西	47	227	7827
鹤　　岗	28	228	6452
双 鸭 山	33	277	9507
大　　庆	181	2195	36281
伊　　春	45	323	8372
佳 木 斯	69	1050	15328
七 台 河	30	358	4883
牡 丹 江	151	1886	39816
黑　　河	37	465	28682
绥　　化	101	1199	42137
大兴安岭	25	119	3915
农垦总局	5	30	1130
绥 芬 河	1	2	70
抚　　远	1	4	200

1–B–8　续表 2

(纺织、服装及日用品专门零售)

地　　区	法人单位数 (个)	年末从业人数 (人)	年末零售营业面积 (平方米)
全　　省	**1189**	**24297**	**711451**
哈 尔 滨	631	7382	242512
齐齐哈尔	59	821	24876
鸡　　西	52	398	67814
鹤　　岗	22	695	60804
双 鸭 山	22	709	44900
大　　庆	137	5117	73182
伊　　春	25	212	4006
佳 木 斯	47	2403	36908
七 台 河	7	20	530
牡 丹 江	109	2561	27893
黑　　河	19	1384	15020
绥　　化	45	2493	99845
大兴安岭	7	22	1236
农垦总局	1	22	11000
绥 芬 河			
抚　　远	6	58	925

1-B-8 续表 3

(文化、体育用品及器材专门零售)

地　区	法人单位数(个)	年末从业人数(人)	年末零售营业面积(平方米)
全　省	**613**	**14548**	**170880**
哈尔滨	317	10394	84776
齐齐哈尔	45	490	10365
鸡　西	11	155	2666
鹤　岗	9	158	1975
双鸭山	13	160	2130
大　庆	72	1084	28310
伊　春	11	99	1562
佳木斯	23	285	5225
七台河	8	93	2148
牡丹江	44	887	14943
黑　河	18	143	5280
绥　化	18	418	7419
大兴安岭	17	84	1778
农垦总局	5	65	1623
绥芬河	1	27	480
抚　远	1	6	200

1-B-8 续表 4

(医药及医疗器材专门零售)

地　区	法人单位数(个)	年末从业人数(人)	年末零售营业面积(平方米)
全　省	**2720**	**29006**	**615910**
哈尔滨	1611	15645	362099
齐齐哈尔	369	1851	46973
鸡　西	39	746	13249
鹤　岗	12	418	5456
双鸭山	26	362	4584
大　庆	155	1887	36795
伊　春	25	306	8859
佳木斯	128	1388	13525
七台河	42	317	5484
牡丹江	88	2116	31363
黑　河	35	297	5297
绥　化	149	3331	75166
大兴安岭	15	214	4032
农垦总局	23	84	2708
绥芬河	2	5	120
抚　远	1	39	200

1-B-8　续表 5

(汽车、摩托车、燃料及零配件专门零售)

地　区	法人单位数(个)	年末从业人数(人)	年末零售营业面积(平方米)
全　省	**2610**	**32047**	**1632966**
哈尔滨	902	14210	728327
齐齐哈尔	245	2419	123386
鸡　西	108	702	26425
鹤　岗	46	509	24598
双鸭山	64	617	23622
大　庆	454	5380	247735
伊　春	89	657	28406
佳木斯	103	1724	59762
七台河	66	471	27337
牡丹江	175	2748	123262
黑　河	95	858	74608
绥　化	192	1344	122566
大兴安岭	29	151	10055
农垦总局	29	169	9756
绥芬河	10	75	2711
抚　远	3	13	410

1-B-8　续表 6

(家用电器及电子产品专门零售)

地　区	法人单位数(个)	年末从业人数(人)	年末零售营业面积(平方米)
全　省	**2080**	**21461**	**607002**
哈尔滨	1194	10164	293525
齐齐哈尔	104	1733	36336
鸡　西	47	452	22172
鹤　岗	36	635	36406
双鸭山	30	583	11332
大　庆	288	3065	70228
伊　春	31	249	4002
佳木斯	68	725	34208
七台河	42	360	15722
牡丹江	107	2269	37013
黑　河	39	333	14310
绥　化	52	650	24738
大兴安岭	26	121	4090
农垦总局	8	55	2080
绥芬河	7	62	751
抚　远	1	5	89

1−B−8 续表 7

(五金、家具及室内装饰材料专门零售)

地 区	法人单位数(个)	年末从业人数(人)	年末零售营业面积(平方米)
全 省	**1780**	**12417**	**525388**
哈尔滨	845	5196	174200
齐齐哈尔	79	686	31208
鸡 西	45	237	6674
鹤 岗	40	401	27512
双鸭山	42	242	28830
大 庆	396	1967	93557
伊 春	20	281	3717
佳木斯	67	651	31530
七台河	18	80	6682
牡丹江	111	1607	46680
黑 河	32	242	17763
绥 化	64	554	52857
大兴安岭	12	202	885
农垦总局	6	53	2770
绥芬河	1	8	308
抚 远	2	10	215

1−B−8 续表 8

(货摊、无店铺及其他零售业)

地 区	法人单位数(个)	年末从业人数(人)	年末零售营业面积(平方米)
全 省	**1307**	**10716**	**724056**
哈尔滨	474	4100	233666
齐齐哈尔	100	690	40294
鸡 西	37	333	6547
鹤 岗	22	173	6261
双鸭山	13	169	30688
大 庆	292	1768	156240
伊 春	36	289	15917
佳木斯	48	579	16073
七台河	9	43	2343
牡丹江	71	663	50263
黑 河	51	427	14425
绥 化	89	933	83677
大兴安岭	22	298	20568
农垦总局	39	207	46534
绥芬河	2	38	190
抚 远	2	6	370

1-B-9　分地区零售业法人企业基本情况(按登记注册类型分)

(内资企业)

地　区	法人单位数(个)	年末从业人数(人)	年末零售营业面积(平方米)
全　省	**15243**	**218394**	**8429372**
哈尔滨	7212	86716	3104511
齐齐哈尔	1158	10733	475919
鸡　西	482	5427	286357
鹤　岗	233	6216	357335
双鸭山	281	7086	292153
大　庆	2076	32737	1189827
伊　春	297	3200	112222
佳木斯	620	15145	521079
七台河	241	2160	111476
牡丹江	1008	20077	563822
黑　河	365	5302	250403
绥　化	912	20112	877397
大兴安岭	173	1565	113923
农垦总局	134	1137	107059
绥芬河	28	395	32180
抚　远	23	386	33709

1-B-9　续表 1

(国有企业)

地　区	法人单位数(个)	年末从业人数(人)	年末零售营业面积(平方米)
全　省	**476**	**11424**	**372939**
哈尔滨	189	4932	91118
齐齐哈尔	32	464	28858
鸡　西	18	231	7331
鹤　岗	5	228	9120
双鸭山	14	1102	24677
大　庆	36	986	28330
伊　春	16	299	9606
佳木斯	17	752	23658
七台河	5	63	1625
牡丹江	24	541	19831
黑　河	16	199	10449
绥　化	76	1401	114775
大兴安岭	18	123	1951
农垦总局	7	66	730
绥芬河	1	27	480
抚　远	2	10	400

1-B-9 续表 2

(集体企业)

地　区	法人单位数（个）	年末从业人数（人）	年末零售营业面积（平方米）
全　省	**500**	**6515**	**345763**
哈尔滨	152	1954	78319
齐齐哈尔	34	216	9723
鸡　西	53	407	11683
鹤　岗	1	28	360
双鸭山	13	136	21655
大　庆	61	774	130375
伊　春	1	14	400
佳木斯	33	937	26916
七台河	6	23	530
牡丹江	37	572	12405
黑　河	8	29	22629
绥　化	91	1228	29323
大兴安岭	10	197	1445
农垦总局			
绥芬河			
抚　远			

1-B-9 续表 3

(股份合作企业)

地　区	法人单位数（个）	年末从业人数（人）	年末零售营业面积（平方米）
全　省	**247**	**2951**	**108143**
哈尔滨	99	904	37666
齐齐哈尔	64	291	20842
鸡　西	8	100	1185
鹤　岗	4	37	2821
双鸭山	1	5	100
大　庆	18	740	21346
伊　春	2	10	300
佳木斯	15	409	8283
七台河	4	50	1359
牡丹江	14	247	7210
黑　河	6	30	732
绥　化	9	98	5793
大兴安岭	2	24	306
农垦总局			
绥芬河			
抚　远	1	6	200

1-B-9　续表 4

(联营企业)

地　区	法人单位数 (个)	年末从业人数 (人)	年末零售营业面积 (平方米)
全　省	**80**	**771**	**29394**
哈尔滨	37	293	11818
齐齐哈尔	8	23	798
鸡　西	4	18	640
鹤　岗	2	26	600
双鸭山	1	4	180
大　庆	6	11	2318
伊　春			
佳木斯	3	18	255
七台河			
牡丹江	7	167	4845
黑　河	3	7	260
绥　化	9	204	7680
大兴安岭			
农垦总局			
绥芬河			
抚　远			

1-B-9　续表 5

(有限责任公司)

地　区	法人单位数 (个)	年末从业人数 (人)	年末零售营业面积 (平方米)
全　省	**4842**	**75490**	**2993427**
哈尔滨	3230	38615	1348978
齐齐哈尔	229	3365	123705
鸡　西	119	1876	54292
鹤　岗	85	941	54192
双鸭山	65	1255	44256
大　庆	286	7536	408693
伊　春	126	1430	51225
佳木斯	70	4241	183477
七台河	23	179	7218
牡丹江	183	4660	163387
黑　河	98	1555	68885
绥　化	235	8584	359486
大兴安岭	43	629	68700
农垦总局	30	211	27313
绥芬河	7	161	7681
抚　远	13	252	21939

1-B-9 续表 6

(股份有限公司)

地 区	法人单位数(个)	年末从业人数(人)	年末零售营业面积(平方米)
全 省	**449**	**17576**	**928374**
哈尔滨	215	7813	403473
齐齐哈尔	46	1187	43953
鸡 西	12	688	51754
鹤 岗	13	422	33088
双鸭山	9	307	47790
大 庆	25	2337	68185
伊 春	4	43	1315
佳木斯	19	914	118766
七台河	7	333	39848
牡丹江	38	1478	73060
黑 河	17	1375	17198
绥 化	33	502	18038
大兴安岭	5	27	668
农垦总局	1	1	200
绥芬河	4	84	1038
抚 远	1	65	10000

1-B-9 续表 7

(私营企业)

地 区	法人单位数(个)	年末从业人数(人)	年末零售营业面积(平方米)
全 省	7154	89650	3224812
哈尔滨	2468	25918	922788
齐齐哈尔	631	4311	210857
鸡 西	190	1812	147995
鹤 岗	102	4362	251064
双鸭山	149	4028	144970
大 庆	1549	18865	505246
伊 春	127	1231	44707
佳木斯	413	7420	153640
七台河	161	1109	53965
牡丹江	629	11354	257086
黑 河	191	1909	101836
绥 化	351	5829	290023
大兴安岭	85	522	39811
农垦总局	88	810	76793
绥芬河	14	117	22861
抚 远	6	53	1170

1-B-9　续表 8

(其他企业)

地　区	法人单位数(个)	年末从业人数(人)	年末零售营业面积(平方米)
全　省	1495	14017	426520
哈尔滨	822	6287	210351
齐齐哈尔	114	876	37183
鸡　西	78	295	11477
鹤　岗	21	172	6090
双鸭山	29	249	8525
大　庆	95	1488	25334
伊　春	21	173	4669
佳木斯	50	454	6084
七台河	35	403	6931
牡丹江	76	1058	25998
黑　河	26	198	28414
绥　化	108	2266	52279
大兴安岭	10	43	1042
农垦总局	8	49	2023
绥芬河	2	6	120
抚　远			

1-B-9　续表 9

(港、澳、台商投资企业)

地　区	法人单位数(个)	年末从业人数(人)	年末零售营业面积(平方米)
全　省	**26**	**4727**	**127802**
哈尔滨	16	3319	112672
齐齐哈尔	1	5	300
鸡　西	1	2	200
鹤　岗			
双鸭山	1	10	300
大　庆	4	226	4160
伊　春			
佳木斯			
七台河	1	25	120
牡丹江	1	20	450
黑　河	1	1120	9600
绥　化			
大兴安岭			
农垦总局			
绥芬河			
抚　远			

1-B-9 续表 10

(外商投资企业)

地　区	法人单位数(个)	年末从业人数(人)	年末零售营业面积(平方米)
全　省	**36**	**3208**	**127105**
哈尔滨	19	1373	90586
齐齐哈尔	3	611	8260
鸡　西	2	8	130
鹤　岗			
双鸭山	1	13	70
大　庆	2	49	7414
伊　春	1	58	1800
佳木斯	3	505	8753
七台河			
牡丹江	3	541	8092
黑　河			
绥　化	2	50	2000
大兴安岭			
农垦总局			
绥芬河			
抚　远			

1-B-10 分地区零售业法人企业基本情况(按零售业态分)

(有店铺零售)

地　区	法人单位数(个)	年末从业人数(人)	年末零售营业面积(平方米)
全　省	**15246**	**225643**	**8670942**
哈尔滨	7202	90812	3295574
齐齐哈尔	1161	11347	484459
鸡　西	485	5437	286687
鹤　岗	232	6215	357235
双鸭山	283	7109	292523
大　庆	2074	32984	1200623
伊　春	298	3258	114022
佳木斯	623	15650	529832
七台河	242	2185	111596
牡丹江	1010	20596	572120
黑　河	366	6422	260003
绥　化	913	20150	879397
大兴安岭	173	1565	113923
农垦总局	133	1132	107059
绥芬河	28	395	32180
抚　远	23	386	33709

1-B-10　续表 1

(食杂店)

地　　区	法人单位数(个)	年末从业人数(人)	年末零售营业面积(平方米)
全　　省	**49**	**372**	**11640**
哈 尔 滨	34	286	9091
齐齐哈尔	2	9	750
鸡　　西	1	2	80
鹤　　岗			
双 鸭 山			
大　　庆	3	6	125
伊　　春			
佳 木 斯	1	3	74
七 台 河			
牡 丹 江	6	51	740
黑　　河	1	3	30
绥　　化	1	12	750
大兴安岭			
农垦总局			
绥 芬 河			
抚　　远			

1-B-10　续表 2

(便利店)

地　　区	法人单位数(个)	年末从业人数(人)	年末零售营业面积(平方米)
全　　省	**741**	**5558**	**199188**
哈 尔 滨	356	2581	90287
齐齐哈尔	37	130	18485
鸡　　西	37	130	6585
鹤　　岗	7	43	550
双 鸭 山	16	197	2376
大　　庆	89	427	6680
伊　　春	1	78	2000
佳 木 斯	23	174	3038
七 台 河	5	25	1163
牡 丹 江	50	670	7547
黑　　河	40	285	13758
绥　　化	70	776	45079
大兴安岭	8	24	900
农垦总局	2	18	740
绥 芬 河			
抚　　远			

1-B-10 续表 3

(折扣店)

地区	法人单位数(个)	年末从业人数(人)	年末零售营业面积(平方米)
全省	**33**	**202**	**8411**
哈尔滨	17	99	2103
齐齐哈尔	2	12	570
鸡西	1	9	500
鹤岗	1	30	80
双鸭山	1	3	100
大庆	2	14	258
伊春			
佳木斯	1	3	80
七台河	2	3	3670
牡丹江	2	17	600
黑河	4	12	450
绥化			
大兴安岭			
农垦总局			
绥芬河			
抚远			

1-B-10 续表 4

(超市)

地区	法人单位数(个)	年末从业人数(人)	年末零售营业面积(平方米)
全省	**348**	**12110**	**236571**
哈尔滨	139	2798	66881
齐齐哈尔	22	980	16244
鸡西	13	144	8000
鹤岗	5	145	3104
双鸭山	15	595	21059
大庆	24	1482	11533
伊春	4	304	5200
佳木斯	11	219	7031
七台河	3	16	460
牡丹江	49	1735	48024
黑河	8	229	8272
绥化	35	3025	30005
大兴安岭	3	32	656
农垦总局	11	330	8752
绥芬河	2	55	550
抚远	4	21	800

1−B−10 续表 5

(大型超市)

地 区	法人单位数(个)	年末从业人数(人)	年末零售营业面积(平方米)
全 省	**44**	**11192**	**558136**
哈尔滨	19	2914	177660
齐齐哈尔	7	548	49850
鸡 西			
鹤 岗	1	2233	135330
双鸭山	1	508	11960
大 庆	2	1623	88173
伊 春	1	48	4992
佳木斯	1	450	8403
七台河			
牡丹江	2	655	13507
黑 河	4	1207	39700
绥 化	4	883	1561
大兴安岭			
农垦总局			
绥芬河	2	123	27000
抚 远			

1−B−10 续表 6

(仓储会员店)

地 区	法人单位数(个)	年末从业人数(人)	年末零售营业面积(平方米)
全 省	**80**	**744**	**45183**
哈尔滨	48	325	9640
齐齐哈尔	5	24	845
鸡 西	2	9	12100
鹤 岗	4	52	832
双鸭山	3	8	130
大 庆	4	12	1700
伊 春			
佳木斯			
七台河			
牡丹江	8	108	2376
黑 河	2	15	10120
绥 化	2	180	6240
大兴安岭			
农垦总局	1	5	1000
绥芬河			
抚 远	1	6	200

1-B-10 续表 7

(百货店)

地　　区	法人单位数 (个)	年末从业人数 (人)	年末零售营业面积 (平方米)
全　　省	**1333**	**56474**	**2781602**
哈 尔 滨	588	19145	864105
齐齐哈尔	70	1192	79763
鸡　　西	73	2257	170157
鹤　　岗	18	741	72926
双 鸭 山	32	3187	146242
大　　庆	142	8406	402544
伊　　春	10	412	26989
佳 木 斯	52	7959	307444
七 台 河	19	432	45637
牡 丹 江	121	4147	153754
黑　　河	21	2058	43556
绥　　化	155	5845	349030
大兴安岭	19	319	67029
农垦总局	10	145	22026
绥 芬 河			
抚　　远	3	229	30400

1-B-10 续表 8

(专业店)

地　　区	法人单位数 (个)	年末从业人数 (人)	年末零售营业面积 (平方米)
全　　省	**7305**	**78168**	**2610248**
哈 尔 滨	3456	37283	1152605
齐齐哈尔	656	4397	164028
鸡　　西	149	1522	45716
鹤　　岗	94	1468	38666
双 鸭 山	126	1661	71274
大　　庆	1107	10576	426286
伊　　春	257	2187	63532
佳 木 斯	308	3772	101754
七 台 河	100	850	27887
牡 丹 江	413	6577	173102
黑　　河	151	1574	62198
绥　　化	360	5158	219048
大兴安岭	65	702	26815
农垦总局	39	183	33074
绥 芬 河	13	147	2634
抚　　远	11	111	1629

1-B-10　续表 9

(专卖店)

地　区	法人单位数(个)	年末从业人数(人)	年末零售营业面积(平方米)
全　省	**4159**	**44050**	**1428668**
哈尔滨	2031	20728	679903
齐齐哈尔	298	2837	84596
鸡　西	171	1137	35777
鹤　岗	62	809	47249
双鸭山	62	754	17322
大　庆	474	5076	173097
伊　春	13	140	7519
佳木斯	199	2211	47435
七台河	99	752	25932
牡丹江	299	5700	125003
黑　河	108	843	60936
绥　化	209	2272	87645
大兴安岭	70	425	15078
农垦总局	50	285	18808
绥芬河	10	62	1688
抚　远	4	19	680

1-B-10　续表 10

(家居建材商店)

地　区	法人单位数(个)	年末从业人数(人)	年末零售营业面积(平方米)
全　省	**423**	**3426**	**252705**
哈尔滨	197	1181	60544
齐齐哈尔	20	298	15259
鸡　西	16	58	1485
鹤　岗	21	123	4188
双鸭山	16	92	21110
大　庆	56	402	47441
伊　春	6	40	1910
佳木斯	15	302	23375
七台河	5	31	4272
牡丹江	18	390	3100
黑　河	12	72	14415
绥　化	35	411	54153
大兴安岭	4	13	645
农垦总局	1	5	500
绥芬河	1	8	308
抚　远			

1—B—10 续表 11

(购物中心)

地　区	法人单位数(个)	年末从业人数(人)	年末零售营业面积(平方米)
全　省	**73**	**8048**	**249606**
哈尔滨	33	822	73269
齐齐哈尔	3	701	19843
鸡　西	2	49	4500
鹤　岗	6	460	43195
双鸭山			
大　庆	6	4132	13060
伊　春			
佳木斯	3	488	26200
七台河	1	20	205
牡丹江	3	111	405
黑　河			
绥　化	14	1219	56929
大兴安岭			
农垦总局	2	46	12000
绥芬河			
抚　远			

1—B—10 续表 12

(厂家直销中心)

地　区	法人单位数(个)	年末从业人数(人)	年末零售营业面积(平方米)
全　省	**658**	**5299**	**288984**
哈尔滨	284	2650	109486
齐齐哈尔	39	219	34226
鸡　西	20	120	1787
鹤　岗	13	111	11115
双鸭山	11	104	950
大　庆	165	828	29726
伊　春	6	49	1880
佳木斯	9	69	4998
七台河	8	56	2370
牡丹江	39	435	43962
黑　河	15	124	6568
绥　化	28	369	28957
大兴安岭	4	50	2800
农垦总局	17	115	10159
绥芬河			
抚　远			

1-B-10　续表 13

(无店铺零售)

地　区	法人单位数(个)	年末从业人数(人)	年末零售营业面积(平方米)
全　省	**54**	**659**	**13337**
哈尔滨	42	586	12195
齐齐哈尔	1	2	20
鸡　西			
鹤　岗	1	1	100
双鸭山			
大　庆	8	28	778
伊　春			
佳木斯			
七台河			
牡丹江	2	42	244
黑　河			
绥　化			
大兴安岭			
农垦总局			
绥芬河			
抚　远			

1-B-10　续表 14

(电视购物)

地　区	法人单位数(个)	年末从业人数(人)	年末零售营业面积(平方米)
全　省	**5**	**390**	**1000**
哈尔滨	5	390	1000
齐齐哈尔			
鸡　西			
鹤　岗			
双鸭山			
大　庆			
伊　春			
佳木斯			
七台河			
牡丹江			
黑　河			
绥　化			
大兴安岭			
农垦总局			
绥芬河			
抚　远			

1-B-10 续表 15

(邮购)

地 区	法人单位数(个)	年末从业人数(人)	年末零售营业面积(平方米)
全 省	**9**	**35**	**675**
哈 尔 滨	8	33	645
齐齐哈尔			
鸡 西			
鹤 岗			
双 鸭 山			
大 庆	1	2	30
伊 春			
佳 木 斯			
七 台 河			
牡 丹 江			
黑 河			
绥 化			
大兴安岭			
农垦总局			
绥 芬 河			
抚 远			

1-B-10 续表 16

(网上商店)

地 区	法人单位数(个)	年末从业人数(人)	年末零售营业面积(平方米)
全 省	**20**	**168**	**5260**
哈 尔 滨	18	126	5016
齐齐哈尔			
鸡 西			
鹤 岗			
双 鸭 山			
大 庆			
伊 春			
佳 木 斯			
七 台 河			
牡 丹 江	2	42	244
黑 河			
绥 化			
大兴安岭			
农垦总局			
绥 芬 河			
抚 远			

1-B-10　续表 17

(自动售货亭)

地　区	法人单位数(个)	年末从业人数(人)	年末零售营业面积(平方米)
全　省	**4**	**21**	**5556**
哈尔滨	2	10	5036
齐齐哈尔			
鸡　西			
鹤　岗			
双鸭山			
大　庆	2	11	520
伊　春			
佳木斯			
七台河			
牡丹江			
黑　河			
绥　化			
大兴安岭			
农垦总局			
绥芬河			
抚　远			

1-B-10　续表 18

(电话购物)

地　区	法人单位数(个)	年末从业人数(人)	年末零售营业面积(平方米)
全　省	**16**	**45**	**846**
哈尔滨	9	27	498
齐齐哈尔	1	2	20
鸡　西			
鹤　岗	1	1	100
双鸭山			
大　庆	5	15	228
伊　春			
佳木斯			
七台河			
牡丹江			
黑　河			
绥　化			
大兴安岭			
农垦总局			
绥芬河			
抚　远			

1-B-11　分地区零售业法人企业财务状况

单位：万元

地　区	营业收入		资产总计
		#主营业务收入	
全　省	**16603321.7**	**16389006.7**	**10323785.8**
哈尔滨	8832903.1	8705579.3	5437283.7
齐齐哈尔	617219.4	605653.5	584150.9
鸡　西	340558.3	336227.4	150719.6
鹤　岗	182633.1	182347.6	110452.1
双鸭山	241830.7	239450.7	167229.3
大　庆	2625178.5	2608195.1	1420949.4
伊　春	143482.2	141328.7	72196.4
佳木斯	655864.0	642754.7	340749.7
七台河	109633.0	104341.3	75096.7
牡丹江	1289582.0	1274452.6	572846.0
黑　河	193471.4	184000.1	156536.1
绥　化	1270852.7	1265413.2	1148064.2
大兴安岭	43719.0	43661.9	50513.3
农垦总局	25583.4	25216.7	17001.9
绥芬河	25409.8	25003.2	11678.8
抚　远	5401.3	5381.0	8317.8

1-B-12　分地区零售业法人企业财务状况(按国民经济行业分)

(综合零售)

单位：万元

地　区	营业收入		资产总计
		#主营业务收入	
全　省	**4524371.2**	**4404820.4**	**3317143.0**
哈尔滨	1864982.1	1803410.8	1401806.3
齐齐哈尔	40219.6	40206.6	47302.2
鸡　西	160993.5	157345.7	42865.8
鹤　岗	75986.8	75986.8	22590.4
双鸭山	132837.7	130727.1	79501.2
大　庆	831076.7	820186.4	419947.9
伊　春	32087.1	30427.2	21417.9
佳木斯	259086.5	249981.6	96072.8
七台河	60476.0	55399.8	28342.2
牡丹江	368090.6	356161.2	164161.5
黑　河	31190.1	22006.1	38963.9
绥　化	633079.6	629117.8	916536.6
大兴安岭	7906.8	7906.8	21372.4
农垦总局	9448.9	9426.9	4232.6
绥芬河	12364.8	11985.2	6394.1
抚　远	4544.4	4544.4	5635.1

1—B—12　续表 1

(食品、饮料及烟草制品专门零售)　　单位：万元

地　区	营业收入	#主营业务收入	资产总计
全　省	**583465.3**	**577045.8**	**388505.0**
哈尔滨	338844.2	333765.1	219159.6
齐齐哈尔	18602.8	18468.1	30691.7
鸡　西	5555.8	5545.8	3363.5
鹤　岗	4701.3	4636.0	5097.2
双鸭山	16951.6	16947.6	11727.0
大　庆	53601.0	53499.5	33409.9
伊　春	12119.7	12100.6	2518.8
佳木斯	18194.8	17872.0	20420.2
七台河	424.5	415.5	1623.0
牡丹江	82174.8	82135.6	26269.5
黑　河	18112.4	18086.6	14355.6
绥　化	12366.5	11759.4	18092.0
大兴安岭	1556.0	1556.0	1093.8
农垦总局	113.0	113.0	610.0
绥芬河	110.0	108.0	50.0
抚　远	37.1	37.1	23.5

1—B—12　续表 2

(纺织、服装及日用品专门零售)　　单位：万元

地　区	营业收入	#主营业务收入	资产总计
全　省	**831341.3**	**818374.5**	**604305.2**
哈尔滨	337525.2	332834.1	230561.1
齐齐哈尔	56218.8	48142.6	144862.6
鸡　西	12369.8	12254.0	23922.2
鹤　岗	8720.4	8720.4	11398.6
双鸭山	13335.8	13335.8	7898.9
大　庆	60455.3	60409.4	39724.3
伊　春	10977.7	10977.7	1406.2
佳木斯	76189.0	76180.0	25642.8
七台河	274.0	274.0	706.1
牡丹江	77208.5	77208.2	63098.5
黑　河	14042.2	14041.2	10736.7
绥　化	163777.7	163750.2	42289.4
大兴安岭	185.0	185.0	251.0
农垦总局	40.0	40.0	
绥芬河			
抚　远	22.0	22.0	1807.0

1-B-12 续表 3

(文化、体育用品及器材专门零售) 单位：万元

地 区	营业收入	#主营业务收入	资产总计
全 省	**486126.9**	**482255.2**	**327504.6**
哈尔滨	326387.8	324296.3	207305.7
齐齐哈尔	17000.4	16435.2	21502.1
鸡 西	6450.0	6099.4	3549.9
鹤 岗	5439.1	5438.7	6943.2
双鸭山	2957.3	2952.3	3424.2
大 庆	73987.6	73807.5	30637.0
伊 春	3492.2	3492.2	1111.6
佳木斯	7077.6	6943.3	8678.6
七台河	2743.0	2743.0	3395.2
牡丹江	22341.4	22096.0	22337.7
黑 河	3075.0	3022.0	3887.7
绥 化	10624.8	10449.6	9401.7
大兴安岭	979.7	950.1	2047.9
农垦总局	2880.2	2838.8	2342.8
绥芬河	471.1	471.1	728.4
抚 远	220.0	220.0	211.0

1-B-12 续表 4

(医药及医疗器材专门零售) 单位：万元

地 区	营业收入	#主营业务收入	资产总计
全 省	**1990620.2**	**1981534.8**	**1564682.2**
哈尔滨	1577189.8	1569460.7	1319845.3
齐齐哈尔	36958.5	36406.6	46640.2
鸡 西	24926.7	24874.3	14554.4
鹤 岗	7463.4	7463.3	4842.3
双鸭山	14556.8	14556.7	7437.9
大 庆	67162.1	67000.0	52227.1
伊 春	18430.3	18430.3	6458.5
佳木斯	31424.6	31317.6	18892.6
七台河	3096.5	3095.9	3469.0
牡丹江	103362.0	103161.2	33832.4
黑 河	6930.9	6924.9	1807.8
绥 化	95255.3	95017.0	51052.2
大兴安岭	2763.6	2762.6	2750.7
农垦总局	948.2	932.4	736.6
绥芬河	21.2	21.2	15.0
抚 远	130.5	110.2	120.2

1-B-12　续表 5

(汽车、摩托车、燃料及零配件专门零售)　　单位：万元

地　区	营业收入	#主营业务收入	资产总计
全　省	**5271177.9**	**5239873.3**	**2330949.4**
哈尔滨	3044490.4	3021241.4	1212959.9
齐齐哈尔	344317.5	342983.1	150648.7
鸡　西	70130.2	70002.2	31025.6
鹤　岗	34255.5	34075.7	20777.4
双鸭山	14562.0	14380.4	16724.0
大　庆	964460.4	963084.2	484732.1
伊　春	37719.1	37278.6	17945.8
佳木斯	198636.5	195914.3	119164.5
七台河	28002.2	27996.5	23781.9
牡丹江	368358.6	367175.0	138227.7
黑　河	96223.6	96170.0	46954.9
绥　化	40772.2	40448.3	50406.9
大兴安岭	19504.7	19503.7	10485.1
农垦总局	6577.5	6457.5	3804.5
绥芬河	3042.2	3037.2	3199.5
抚　远	125.3	125.3	111.0

1-B-12　续表 6

(家用电器及电子产品专门零售)　　单位：万元

地　区	营业收入	#主营业务收入	资产总计
全　省	**1691517.1**	**1670729.2**	**857730.9**
哈尔滨	926818.4	910972.6	465126.3
齐齐哈尔	72863.1	72776.9	91048.6
鸡　西	43915.8	43898.8	11115.0
鹤　岗	31618.6	31608.6	19583.9
双鸭山	19557.7	19555.2	13615.9
大　庆	291620.4	289140.9	126808.3
伊　春	10703.8	10701.8	2675.0
佳木斯	41359.4	40813.7	10369.7
七台河	13250.4	13070.3	10293.8
牡丹江	190856.4	189353.8	72290.4
黑　河	11545.3	11486.9	21689.4
绥　化	28701.0	28678.4	10656.4
大兴安岭	1489.6	1474.2	1765.4
农垦总局	836.6	836.6	464.8
绥芬河	6380.7	6360.7	218.1
抚　远			10.0

1−B−12 续表 7

(五金、家具及室内装饰材料专门零售) 单位：万元

地 区	营业收入	#主营业务收入	资产总计
全 省	**471380.6**	**466332.6**	**465084.1**
哈 尔 滨	188529.6	184742.1	189976.3
齐齐哈尔	15465.5	14830.5	27414.2
鸡 西	9408.0	9398.8	10627.9
鹤 岗	9471.3	9441.3	12167.7
双 鸭 山	8090.0	8053.6	9667.4
大 庆	164820.5	164480.6	119607.3
伊 春	4451.6	4441.6	2809.8
佳 木 斯	12418.1	12330.6	29840.9
七 台 河	969.0	949.0	1615.0
牡 丹 江	40673.9	40654.9	29413.9
黑 河	4819.7	4783.7	8699.3
绥 化	7183.1	7153.6	20406.3
大兴安岭	419.2	419.2	489.1
农垦总局	2689.2	2681.2	1594.2
绥 芬 河	1960.0	1960.0	500.0
抚 远	12.0	12.0	255.0

1−B−12 续表 8

(货摊、无店铺及其他零售业) 单位：万元

地 区	营业收入	#主营业务收入	资产总计
全 省	**753321.2**	**748041.0**	**467881.3**
哈 尔 滨	228135.7	224856.2	190543.3
齐齐哈尔	15573.2	15403.9	24040.7
鸡 西	6808.4	6808.4	9695.4
鹤 岗	4976.8	4976.8	7051.6
双 鸭 山	18982.0	18942.0	17232.7
大 庆	117994.6	116586.6	113855.4
伊 春	13500.7	13478.7	15852.8
佳 木 斯	11477.6	11401.6	11667.6
七 台 河	397.5	397.5	1870.5
牡 丹 江	36515.8	36506.8	23214.5
黑 河	7532.3	7478.8	9441.0
绥 化	279092.5	279039.0	29223.0
大兴安岭	8914.5	8904.5	10257.9
农垦总局	2049.9	1890.4	3216.4
绥 芬 河	1059.7	1059.7	573.6
抚 远	310.0	310.0	145.0

1–B–13　分地区零售业法人企业财务状况(按登记注册类型分)

(内资企业)　　单位：万元

地　区	营业收入	#主营业务收入	资产总计
全　省	**15822424.4**	**15628238.4**	**9066125.6**
哈尔滨	8197793.1	8088991.8	5073191.1
齐齐哈尔	595358.5	583792.6	565099.4
鸡　西	339768.3	335437.4	150519.6
鹤　岗	182633.1	182347.6	110452.1
双鸭山	241675.7	239295.6	166092.2
大　庆	2586907.2	2570145.9	1391927.7
伊　春	143412.2	141268.7	71916.4
佳木斯	617846.7	604737.4	318851.2
七台河	109596.7	104305.0	75032.3
牡丹江	1252582.1	1238632.1	559194.6
黑　河	189545.4	180074.0	149762.5
绥　化	1265192.2	1259947.8	346574.7
大兴安岭	43719.0	43661.9	50513.3
农垦总局	25583.4	25216.7	17001.9
绥芬河	25409.8	25003.2	11678.8
抚　远	5401.3	5381.0	8317.8

1–B–13　续表 1

(国有企业)　　单位：万元

地　区	营业收入	#主营业务收入	资产总计
全　省	**1255849.2**	**1251818.7**	**361974.2**
哈尔滨	663317.8	661199.5	236530.5
齐齐哈尔	18788.7	18219.5	17720.2
鸡　西	19357.8	19006.3	9260.7
鹤　岗	2244.1	2244.1	2643.7
双鸭山	36615.6	36581.6	6197.4
大　庆	80044.5	79999.5	9509.4
伊　春	8272.3	8095.5	7313.8
佳木斯	17566.5	17439.2	12871.0
七台河	2430.7	2430.7	3112.2
牡丹江	20535.4	20290.0	10861.1
黑　河	6758.9	6707.9	5749.4
绥　化	375284.5	374972.3	34371.0
大兴安岭	1397.7	1397.7	3340.6
农垦总局	2506.8	2506.8	1530.3
绥芬河	471.1	471.1	728.4
抚　远	257.1	257.1	234.5

1-B-13 续表 2

(集体企业)

单位：万元

地　区	营业收入	#主营业务收入	资产总计
全　省	**226250.4**	**224512.8**	**134760.9**
哈尔滨	87174.1	86245.6	44319.7
齐齐哈尔	5766.3	5752.2	4352.6
鸡　西	13205.3	12917.1	3405.3
鹤　岗	1176.7	1176.7	1662.4
双鸭山	10957.7	10937.7	1717.1
大　庆	37033.0	36897.7	33015.6
伊　春	360.0	360.0	500.0
佳木斯	23832.7	23527.2	4165.4
七台河	422.0	422.0	1146.8
牡丹江	38676.7	38676.7	29934.2
黑　河	488.4	485.7	322.2
绥　化	7027.8	6984.4	9998.8
大兴安岭	129.7	129.7	220.9
农垦总局			
绥芬河			
抚　远			

1-B-13 续表 3

(股份合作企业)

单位：万元

地　区	营业收入	#主营业务收入	资产总计
全　省	**92524.4**	**91562.7**	**67344.5**
哈尔滨	30831.2	30163.6	18609.9
齐齐哈尔	11362.7	11240.6	7076.2
鸡　西	1441.6	1441.6	1559.1
鹤　岗	4619.0	4619.0	1070.6
双鸭山	200.0	200.0	600.0
大　庆	21209.7	21082.2	19810.3
伊　春	85.0	85.0	48.6
佳木斯	13708.9	13699.2	8505.8
七台河	260.2	260.2	232.0
牡丹江	6899.3	6894.3	5294.3
黑　河	519.1	519.1	669.5
绥　化	912.8	912.8	3291.3
大兴安岭	462.8	433.2	561.9
农垦总局			
绥芬河			
抚　远	12.0	12.0	15.0

1—B—13　续表 4

(联营企业)　　单位：万元

地　　区	营业收入	#主营业务收入	资产总计
全　　省	**52149.7**	**51759.8**	**17280.8**
哈尔滨	19360.2	18982.5	4044.6
齐齐哈尔	246.0	243.8	198.0
鸡　　西	1103.0	1103.0	207.0
鹤　　岗	368.5	368.5	118.8
双鸭山	34.8	34.8	18.0
大　　庆	28.3	28.3	213.0
伊　　春			
佳木斯	1098.0	1090.0	148.0
七台河			
牡丹江	5492.1	5492.1	5317.5
黑　　河	22.0	22.0	18.0
绥　　化	24396.8	24394.8	6997.9
大兴安岭			
农垦总局			
绥芬河			
抚　　远			

1—B—13　续表 5

(有限责任公司)　　单位：万元

地　　区	营业收入	#主营业务收入	资产总计
全　　省	**6089452.3**	**5999301.6**	**3241777.9**
哈尔滨	3646188.8	3593442.2	2051779.7
齐齐哈尔	102547.2	102060.2	164056.3
鸡　　西	96120.9	92728.5	45511.9
鹤　　岗	32592.1	32568.4	23522.4
双鸭山	24734.8	22696.2	21311.8
大　　庆	542176.5	536531.8	322541.3
伊　　春	78535.5	76863.1	41729.2
佳木斯	260198.6	252310.7	112926.6
七台河	19511.1	19507.1	12877.9
牡丹江	556409.9	550038.6	191191.4
黑　　河	49008.3	39758.3	57057.3
绥　　化	646328.8	646130.9	163242.4
大兴安岭	17689.5	17678.5	22857.3
农垦总局	5314.7	5265.3	4010.8
绥芬河	8513.6	8139.9	2111.5
抚　　远	3582.2	3582.2	5050.2

1-B-13 续表 6

(股份有限公司)

单位：万元

地　区	营业收入	#主营业务收入	资产总计
全　省	**2475412.0**	**2430108.3**	**1932291.3**
哈 尔 滨	1432993.4	1417576.5	1355971.2
齐齐哈尔	153262.8	144686.7	167900.9
鸡　西	84833.0	84803.0	19981.1
鹤　岗	10844.5	10844.5	11848.7
双 鸭 山	6014.8	6013.8	9908.7
大　庆	404900.1	398947.6	162978.1
伊　春	789.1	789.1	587.6
佳 木 斯	91603.2	87387.3	55042.8
七 台 河	41679.4	36603.2	17814.3
牡 丹 江	148237.1	142242.9	84559.3
黑　河	76741.4	76741.3	22424.6
绥　化	13005.2	12990.2	18350.9
大兴安岭	645.0	645.0	643.0
农垦总局			
绥 芬 河	8618.2	8592.3	3457.3
抚　远	1245.0	1245.0	822.9

1-B-13 续表 7

(私营企业)

单位：万元

地　区	营业收入	#主营业务收入	资产总计
全　省	**5180262.9**	**5139246.0**	**3021010.4**
哈 尔 滨	2099457.3	2068807.5	1204434.7
齐齐哈尔	287362.7	285788.7	175259.4
鸡　西	108850.0	108647.1	65652.4
鹤　岗	125681.8	125515.5	64804.4
双 鸭 山	161842.9	161556.4	122430.9
大　庆	1415957.7	1412561.6	820389.5
伊　春	51099.3	50805.0	18984.0
佳 木 斯	193858.2	193427.7	114783.2
七 台 河	43913.1	43701.6	38018.1
牡 丹 江	437816.0	436482.0	204007.2
黑　河	51653.5	51491.5	61363.1
绥　化	155488.0	153536.2	89622.8
大兴安岭	23356.1	23339.6	22789.2
农垦总局	17673.4	17360.1	10994.8
绥 芬 河	5947.9	5940.9	5281.6
抚　远	305.0	284.7	2195.2

1-B-13　续表 8

(其他企业)　　单位：万元

地　区	营业收入	#主营业务收入	资产总计
全　省	**450523.6**	**439928.5**	**289685.6**
哈 尔 滨	218470.4	212574.5	157500.8
齐齐哈尔	16022.1	15800.7	28535.9
鸡　西	14856.7	14790.9	4942.1
鹤　岗	5106.5	5010.9	4781.2
双 鸭 山	1275.2	1275.2	3908.4
大　庆	85557.4	84097.2	23470.5
伊　春	4271.0	4271.0	2753.2
佳 木 斯	15980.6	15856.1	10408.4
七 台 河	1380.3	1380.3	1831.0
牡 丹 江	38515.6	38515.6	28029.7
黑　河	4353.7	4348.2	2158.4
绥　化	42748.3	40026.2	20699.5
大兴安岭	38.4	38.4	100.4
农垦总局	88.5	84.5	466.0
绥 芬 河	1859.0	1859.0	100.0
抚　远			

1-B-13　续表 9

(港、澳、台商投资企业)　　单位：万元

地　区	营业收入	#主营业务收入	资产总计
全　省	**428085.1**	**419210.1**	**297184.5**
哈 尔 滨	385356.1	376654.2	274096.3
齐齐哈尔	120.0	120.0	200.0
鸡　西	300.0	300.0	100.0
鹤　岗			
双 鸭 山	5.1	5.1	1007.1
大　庆	36731.5	36558.4	13565.1
伊　春			
佳 木 斯			
七 台 河	36.3	36.3	64.4
牡 丹 江	1610.0	1610.0	1378.0
黑　河	3926.1	3926.1	6773.6
绥　化			
大兴安岭			
农垦总局			
绥 芬 河			
抚　远			

1-B-13 续表 10

(外商投资企业)

单位：万元

地 区	营业收入	#主营业务收入	资产总计
全 省	**352812.3**	**341558.3**	**960475.7**
哈尔滨	249753.9	239933.3	89996.2
齐齐哈尔	21740.9	21740.9	18851.5
鸡 西	490.0	490.0	100.0
鹤 岗			
双鸭山	150.0	150.0	130.0
大 庆	1539.8	1490.8	15456.6
伊 春	70.0	60.0	280.0
佳木斯	38017.3	38017.3	21898.5
七台河			
牡丹江	35389.9	34210.5	12273.4
黑 河			
绥 化	5660.5	5465.4	801489.5
大兴安岭			
农垦总局			
绥芬河			
抚 远			

1-B-14 分地区零售业法人企业财务状况(按零售业态分)

(有店铺零售)

单位：万元

地 区	营业收入	#主营业务收入	资产总计
全 省	**16582155.7**	**16367942.4**	**10306707.6**
哈尔滨	8812819.0	8685596.3	5421582.9
齐齐哈尔	617219.4	605653.5	584100.8
鸡 西	340558.3	336227.4	150719.6
鹤 岗	182631.1	182345.6	110444.9
双鸭山	241830.7	239450.7	167229.3
大 庆	2625110.5	2608127.1	1420488.4
伊 春	143482.2	141328.7	72196.4
佳木斯	655864.0	642754.7	340749.7
七台河	109633.0	104341.3	75096.7
牡丹江	1288618.5	1273489.2	572685.0
黑 河	193471.4	184000.1	156536.1
绥 化	1270810.0	1265370.5	1147386.2
大兴安岭	43719.0	43661.9	50513.3
农垦总局	25577.6	25211.5	16981.9
绥芬河	25409.8	25003.2	11678.8
抚 远	5401.3	5381.0	8317.8

1－B－14　续表 1

(食杂店)　单位：万元

地　区	营业收入	#主营业务收入	资产总计
全　省	**14794.6**	**14407.9**	**7053.3**
哈尔滨	7951.0	7564.2	2754.1
齐齐哈尔	1876.3	1876.3	2883.5
鸡　西	4.0	4.0	11.0
鹤　岗			
双鸭山			
大　庆	58.1	58.1	371.1
伊　春			
佳木斯	12.0	12.0	15.0
七台河			
牡丹江	1058.4	1058.4	949.5
黑　河	0.5	0.5	50.0
绥　化	3834.3	3834.3	19.1
大兴安岭			
农垦总局			
绥芬河			
抚　远			

1－B－14　续表 2

(便利店)　单位：万元

地　区	营业收入	#主营业务收入	资产总计
全　省	**150349.4**	**147888.5**	**134478.7**
哈尔滨	74668.9	72693.6	64160.6
齐齐哈尔	1814.9	1771.9	1661.9
鸡　西	4602.7	4602.7	1874.6
鹤　岗	732.6	727.6	1174.5
双鸭山	3998.1	3998.0	3051.9
大　庆	28217.3	28088.5	20909.0
伊　春	560.0	560.0	5000.0
佳木斯	2338.1	2337.1	2467.4
七台河	389.2	389.2	488.4
牡丹江	15417.0	15233.5	9953.2
黑　河	3269.1	3263.5	9923.4
绥　化	14253.3	14134.5	13528.0
大兴安岭	64.3	64.3	274.8
农垦总局	24.0	24.0	11.0
绥芬河			
抚　远			

1–B–14　续表 3

(折扣店)

单位：万元

地　区	营业收入	#主营业务收入	资产总计
全　省	**7085.6**	**7058.9**	**4887.7**
哈尔滨	4947.5	4947.5	623.2
齐齐哈尔	60.0	57.0	70.0
鸡　西	206.7	206.7	117.9
鹤　岗	212.9	212.9	712.0
双鸭山	13.0	13.0	2000.0
大　庆	1320.0	1320.0	900.0
伊　春			
佳木斯	40.0	20.0	200.0
七台河	8.6	4.9	12.0
牡丹江	274.9	274.9	222.7
黑　河	2.1	2.1	30.0
绥　化			
大兴安岭			
农垦总局			
绥芬河			
抚　远			

1–B–14　续表 4

(超市)

单位：万元

地　区	营业收入	#主营业务收入	资产总计
全　省	**343789.5**	**339011.2**	**968917.1**
哈尔滨	101700.4	100001.1	47521.2
齐齐哈尔	32437.6	32436.6	29391.4
鸡　西	14958.3	14669.9	1189.4
鹤　岗	2187.8	2152.4	995.7
双鸭山	52108.7	51944.9	14788.1
大　庆	15334.0	15060.0	6801.1
伊　春	10560.5	10560.5	2159.6
佳木斯	4380.9	4375.9	12123.6
七台河	84.2	84.2	41.6
牡丹江	68601.6	68564.9	20965.5
黑　河	5889.2	5889.2	9761.2
绥　化	21112.2	18846.5	813613.9
大兴安岭	744.5	744.5	1206.8
农垦总局	8074.0	8071.0	3369.7
绥芬河	5076.1	5070.2	2484.4
抚　远	539.5	539.5	2504.0

1-B-14　续表 5

(大型超市)　　　　单位：万元

地　区	营业收入	#主营业务收入	资产总计
全　省	**663689.7**	**649523.1**	**323560.9**
哈尔滨	330087.1	317746.1	125364.3
齐齐哈尔	6584.5	6584.5	7305.9
鸡　西			
鹤　岗	61865.8	61865.8	15487.8
双鸭山	10239.5	10133.0	16003.8
大　庆	158206.6	158206.6	116516.8
伊　春	79.0	79.0	480.0
佳木斯	37512.1	37512.1	14348.5
七台河			
牡丹江	39073.8	37728.4	12452.2
黑　河	3961.1	3961.1	6862.1
绥　化	8791.6	8791.6	4829.8
大兴安岭			
农垦总局			
绥芬河	7288.7	6915.0	3909.7
抚　远			

1-B-14　续表 6

(仓储会员店)　　　　单位：万元

地　区	营业收入	#主营业务收入	资产总计
全　省	**24125.5**	**23529.9**	**15260.3**
哈尔滨	16301.4	15746.1	7539.6
齐齐哈尔	451.5	451.5	1323.0
鸡　西	1352.0	1352.0	140.0
鹤　岗	1200.0	1200.0	1376.5
双鸭山	20.3	20.3	20.0
大　庆	544.5	544.5	617.1
伊　春			
佳木斯			
七台河			
牡丹江	3626.1	3586.8	3367.5
黑　河	42.0	42.0	136.0
绥　化	273.6	272.6	623.6
大兴安岭			
农垦总局	302.0	302.0	102.0
绥芬河			
抚　远	12.0	12.0	15.0

1-B-14 续表 7

(百货店)

单位：万元

地　区	营业收入	#主营业务收入	资产总计
全　省	**3939710.0**	**3828960.2**	**2318298.0**
哈尔滨	1567230.6	1517369.8	1279580.4
齐齐哈尔	57162.0	49131.3	153996.9
鸡　西	155008.0	151647.7	63436.8
鹤　岗	14321.2	14321.2	11134.5
双鸭山	74056.2	72181.9	55442.8
大　庆	695812.3	685207.8	307517.1
伊　春	20887.7	19227.8	13778.3
佳木斯	281014.5	271909.6	77067.1
七台河	60116.8	55040.6	28221.4
牡丹江	345986.7	335622.8	174606.0
黑　河	33686.4	24508.0	30834.0
绥　化	621621.3	620004.4	98012.7
大兴安岭	7153.2	7153.2	20059.0
农垦总局	1636.4	1617.4	1454.9
绥芬河			
抚　远	4016.9	4016.9	3156.1

1-B-14 续表 8

(专业店)

单位：万元

地　区	营业收入	#主营业务收入	资产总计
全　省	**7442223.6**	**7395871.9**	**4090323.6**
哈尔滨	4647283.5	4613857.8	2679547.4
齐齐哈尔	189983.4	188514.5	164959.7
鸡　西	82830.6	82454.3	45288.0
鹤　岗	53072.1	52892.1	43685.4
双鸭山	50532.4	50416.5	47602.1
大　庆	1196374.0	1191619.7	568435.8
伊　春	100061.5	99574.3	44102.1
佳木斯	237327.2	233923.9	133961.5
七台河	20909.3	20883.9	19620.4
牡丹江	433712.7	432994.3	149636.7
黑　河	70138.7	70077.2	53407.5
绥　化	318115.4	316898.2	114096.9
大兴安岭	28890.2	28845.5	14440.8
农垦总局	4742.5	4694.9	5249.2
绥芬河	7547.3	7542.3	4049.6
抚　远	702.9	682.6	2240.7

1-B-14　续表 9

(专卖店)　　单位：万元

地　　区	营业收入	#主营业务收入	资产总计
全　　省	**3245613.4**	**3215602.1**	**1669670.1**
哈 尔 滨	1622106.8	1597854.5	781349.1
齐齐哈尔	302325.4	300953.2	151207.5
鸡　　西	77342.8	77149.0	33800.2
鹤　　岗	36640.9	36605.6	21108.5
双 鸭 山	39339.2	39225.3	18945.5
大　　庆	383171.5	382507.0	291395.4
伊　　春	9393.1	9386.7	5122.7
佳 木 斯	74966.9	74754.8	72562.7
七 台 河	27129.9	26944.1	22148.5
牡 丹 江	345970.8	343547.5	169201.4
黑　　河	67847.1	67712.3	32629.1
绥　　化	244390.3	244204.5	54513.1
大兴安岭	6355.8	6343.4	10129.9
农垦总局	4965.2	4768.7	4419.5
绥 芬 河	3537.7	3515.7	735.0
抚　　远	130.0	130.0	402.0

1-B-14　续表 10

(家居建材商店)　　单位：万元

地　　区	营业收入	#主营业务收入	资产总计
全　　省	**172435.7**	**171125.3**	**154172.3**
哈 尔 滨	52454.9	51934.1	42572.4
齐齐哈尔	7392.4	6761.4	12923.6
鸡　　西	1194.1	1193.1	901.2
鹤　　岗	3415.1	3385.1	7215.5
双 鸭 山	7131.9	7126.4	7365.2
大　　庆	74875.1	74842.1	25740.8
伊　　春	869.0	869.0	797.6
佳 木 斯	7388.1	7345.1	22304.8
七 台 河	209.9	209.9	276.5
牡 丹 江	5992.8	5992.8	6557.5
黑　　河	2223.0	2193.0	7388.3
绥　　化	6927.5	6911.5	19295.0
大兴安岭	342.0	342.0	284.0
农垦总局	60.0	60.0	50.0
绥 芬 河	1960.0	1960.0	500.0
抚　　远			

1-B-14 续表 11

(购物中心) 单位：万元

地　区	营业收入	#主营业务收入	资产总计
全　省	**119031.2**	**118019.7**	**216226.0**
哈尔滨	40266.9	39585.4	108834.7
齐齐哈尔	12359.7	12359.7	50011.7
鸡　西	870.0	850.0	2720.0
鹤　岗	6508.2	6508.2	3727.1
双鸭山			
大　庆	12110.2	12110.2	19315.4
伊　春			
佳木斯	9038.0	8738.0	4410.4
七台河	558.0	558.0	625.0
牡丹江	9531.8	9531.8	15765.9
黑　河			
绥　化	27348.5	27338.5	10695.9
大兴安岭			
农垦总局	440.0	440.0	120.0
绥芬河			
抚　远			

1-B-14 续表 12

(厂家直销中心) 单位：万元

地　区	营业收入	#主营业务收入	资产总计
全　省	**459307.5**	**456943.8**	**403859.8**
哈尔滨	347819.9	346296.1	281736.0
齐齐哈尔	4771.7	4755.7	8365.7
鸡　西	2189.0	2098.0	1240.5
鹤　岗	2474.7	2474.7	3827.7
双鸭山	4391.5	4391.5	2010.0
大　庆	59086.8	58562.5	61968.8
伊　春	1071.5	1071.5	756.0
佳木斯	1846.3	1826.3	1288.7
七台河	227.3	226.7	3663.0
牡丹江	19372.2	19353.2	9007.0
黑　河	6412.2	6351.2	5514.6
绥　化	4142.0	4134.0	18158.3
大兴安岭	169.0	169.0	4118.0
农垦总局	5333.5	5233.5	2205.6
绥芬河			
抚　远			

1-B-14　续表 13

(无店铺零售)　　单位：万元

地　区	营业收入	#主营业务收入	资产总计
全　省	**21050.5**	**20949.3**	**16217.0**
哈尔滨	20017.0	19915.9	15537.6
齐齐哈尔			50.1
鸡　西			
鹤　岗	2.0	2.0	7.2
双鸭山			
大　庆	68.0	68.0	461.0
伊　春			
佳木斯			
七台河			
牡丹江	963.5	963.5	161.1
黑　河			
绥　化			
大兴安岭			
农垦总局			
绥芬河			
抚　远			

1-B-14　续表 14

(电视购物)　　单位：万元

地　区	营业收入	#主营业务收入	资产总计
全　省	**17052.1**	**17052.1**	**11667.9**
哈尔滨	17052.1	17052.1	11667.9
齐齐哈尔			
鸡　西			
鹤　岗			
双鸭山			
大　庆			
伊　春			
佳木斯			
七台河			
牡丹江			
黑　河			
绥　化			
大兴安岭			
农垦总局			
绥芬河			
抚　远			

1-B-14 续表 15

(邮购)

单位：万元

地 区	营业收入	#主营业务收入	资产总计
全 省	**79.6**	**79.6**	**104.5**
哈尔滨	77	77	102
齐齐哈尔			
鸡 西			
鹤 岗			
双鸭山			
大 庆	3	3	3
伊 春			
佳木斯			
七台河			
牡丹江			
黑 河			
绥 化			
大兴安岭			
农垦总局			
绥芬河			
抚 远			

1-B-14 续表 16

(网上商店)

单位：万元

地 区	营业收入	#主营业务收入	资产总计
全 省	**2296.1**	**2296.1**	**2906.2**
哈尔滨	1332.6	1332.6	2745.1
齐齐哈尔			
鸡 西			
鹤 岗			
双鸭山			
大 庆			
伊 春			
佳木斯			
七台河			
牡丹江	963.5	963.5	161.1
黑 河			
绥 化			
大兴安岭			
农垦总局			
绥芬河			
抚 远			

1-B-14　续表 17

(自动售货亭)　　单位：万元

地　区	营业收入	#主营业务收入	资产总计
全　省	**464.3**	**363.1**	**658.1**
哈尔滨	434.3	333.1	608.1
齐齐哈尔			
鸡　西			
鹤　岗			
双鸭山			
大　庆	30.0	30.0	50.0
伊　春			
佳木斯			
七台河			
牡丹江			
黑　河			
绥　化			
大兴安岭			
农垦总局			
绥芬河			
抚　远			

1-B-14　续表 18

(电话购物)　　单位：万元

地　区	营业收入	#主营业务收入	资产总计
全　省	**1158.4**	**1158.4**	**880.3**
哈尔滨	1121.4	1121.4	415.0
齐齐哈尔			50.1
鸡　西			
鹤　岗	2.0	2.0	7.2
双鸭山			
大　庆	35.0	35.0	408.0
伊　春			
佳木斯			
七台河			
牡丹江			
黑　河			
绥　化			
大兴安岭			
农垦总局			
绥芬河			
抚　远			

第2篇

住宿和餐饮业基本情况及财务状况

A.行业部分

2−A−1　住宿业法人企业基本情况

分　组	法人单位数(个)	年末从业人数(人)	年末餐饮营业面积(平方米)
总　计	**1295**	**39920**	**1239180**
按国民经济行业分组			
旅游饭店	412	23169	595478
一般旅馆	746	13308	507556
其他住宿业	137	3443	136146
按登记注册类型分组			
内资企业	1276	37910	1194915
国有企业	166	9324	238991
集体企业	44	687	21985
股份合作企业	8	604	19350
联营企业	7	82	5526
国有联营企业	2	30	3876
集体联营企业	2	33	650
国有与集体联营企业			
其他联营企业	3	19	1000
有限责任公司	282	10977	340026
国有独资公司	3	292	4200
其他有限责任公司	279	10685	335826
股份有限公司	32	1563	42832
私营企业	624	12910	440533
私营独资企业	340	5433	196045
私营合伙企业	30	370	25062
私营有限责任公司	239	6495	206780
私营股份有限公司	15	612	12646
其他企业	113	1763	85672
港、澳、台商投资企业	12	1144	27379
合资经营企业	4	489	14231
合作经营企业			
独资经营企业	6	551	9934
投资股份有限公司	2	104	3214
其他港澳台商投资企业			
外商投资企业	7	866	16886
中外合资经营企业	3	105	5200
中外合作经营企业	1	30	1200
外资企业	2	701	9886
外商投资股份有限公司	1	30	600
其他外商投资企业			
按星级分组			
一星	16	246	8820
二星	68	1738	94018
三星	350	8677	258813
四星	60	7757	145232
五星	16	2661	49177
其他	785	18841	683120

2-A-2 住宿业法人企业财务状况

单位：万元

分组	营业收入	#主营业务收入	资产总计
总计	**494999.3**	**488192.1**	**1446656.0**
按国民经济行业分组			
旅游饭店	304485.7	299350.9	936533.4
一般旅馆	160447.2	159153.8	242974.3
其他住宿业	30066.4	29687.4	267148.3
按登记注册类型分组			
内资企业	440282.0	433979.1	1215684.3
国有企业	94376.7	93003.2	364495.4
集体企业	6862.0	6861.2	12000.6
股份合作企业	11499.9	10523.9	26271.8
联营企业	713.0	713.0	491.6
国有联营企业	307.0	307.0	208.0
集体联营企业	120.0	120.0	170.0
国有与集体联营企业			
其他联营企业	286.0	286.0	113.6
有限责任公司	132069.5	130648.2	403631.0
国有独资公司	2756.9	2756.7	7276.4
其他有限责任公司	129312.6	127891.5	396354.6
股份有限公司	23228.2	23129.6	58942.6
私营企业	158049.5	155798.7	325408.2
私营独资企业	55727.0	55104.4	91833.8
私营合伙企业	6430.7	6425.7	7126.2
私营有限责任公司	90216.1	88593.0	206127.7
私营股份有限公司	5675.7	5675.5	20320.5
其他企业	13483.2	13301.2	24443.2
港、澳、台商投资企业	23658.4	23158.6	157314.5
合资经营企业	8955.8	8613.8	50182.0
合作经营企业			
独资经营企业	12840.4	12682.6	90306.8
投资股份有限公司	1862.2	1862.2	16825.6
其他港澳台商投资企业			
外商投资企业	31058.9	31054.4	73657.2
中外合资经营企业	4479.2	4479.2	4058.9
中外合作经营企业	1716.2	1716.2	2796.5
外资企业	24183.8	24179.3	66623.6
外商投资股份有限公司	679.7	679.7	178.2
其他外商投资企业			
按星级分组			
一星	2400.1	2361.1	5550.5
二星	19501.3	19366.9	180540.5
三星	103074.7	101319.5	219540.1
四星	96630.2	95307.5	356441.7
五星	56324.9	56257.3	196098.1
其他	217068.1	213579.8	488485.1

2-A-3　餐饮业法人企业基本情况

分　　组	法人单位数（个）	年末从业人数（人）	年末餐饮营业面积（平方米）
总　　计	**1398**	**33909**	**1007523**
按国民经济行业分组			
正餐服务	1180	30163	895551
快餐服务	91	1822	46144
饮料及冷饮服务	28	362	7832
茶馆服务	3	22	415
咖啡馆服务	6	63	1527
酒吧服务	3	54	3000
其他饮料及冷饮服务	16	223	2890
其他餐饮业	99	1562	57996
小吃服务	20	179	6571
餐饮配送服务	17	415	8477
其他未列明餐饮业	62	968	42948
按登记注册类型分组			
内资企业	1342	29806	902561
国有企业	44	2207	93789
集体企业	13	199	6514
股份合作企业	6	97	2619
联营企业	4	38	1087
国有联营企业	1	1	
集体联营企业	2	19	887
国有与集体联营企业			
其他联营企业	1	18	200
有限责任公司	258	8904	230387
国有独资公司			
其他有限责任公司	258	8904	230387
股份有限公司	30	714	26500
私营企业	856	15529	489749
私营独资企业	483	7696	230638
私营合伙企业	39	625	20827
私营有限责任公司	324	6908	231071
私营股份有限公司	10	300	7213
其他企业	131	2118	51916
港、澳、台商投资企业	19	1562	50756
合资经营企业	6	341	11881
合作经营企业	1	41	1820
独资经营企业	11	1154	36575
投资股份有限公司	1	26	480
其他港澳台商投资企业			
外商投资企业	37	2541	54206
中外合资经营企业	12	1646	27576
中外合作经营企业			
外资企业	20	767	21880
外商投资股份有限公司	4	76	2550
其他外商投资企业	1	52	2200

2–A–4 餐饮业法人企业财务状况

单位：万元

分　组	营业收入	#主营业务收入	资产总计
总　计	**462446.2**	**458729.6**	**554481.0**
按国民经济行业分组			
正餐服务	402917.3	399524.2	502782.1
快餐服务	40132.1	39892.1	24566.4
饮料及冷饮服务	4298.6	4290.5	6581.3
茶馆服务	337.2	337.2	258.0
咖啡馆服务	1131.8	1131.8	486.6
酒吧服务	215.1	208.1	220.0
其他饮料及冷饮服务	2614.6	2613.5	5616.8
其他餐饮业	15098.3	15022.8	20551.2
小吃服务	3474.4	3469.4	2227.5
餐饮配送服务	3511.4	3504.4	1172.2
其他未列明餐饮业	8112.5	8049.0	17151.5
按登记注册类型分组			
内资企业	380835.8	377319.2	428156.8
国有企业	34682.9	34416.9	42419.4
集体企业	1380.1	1359.1	1189.7
股份合作企业	1461.5	1461.5	1121.1
联营企业	474.5	474.5	373.1
国有联营企业			
集体联营企业	313.5	313.5	301.0
国有与集体联营企业			
其他联营企业	161.0	161.0	72.1
有限责任公司	99364.9	98760.8	136782.6
国有独资公司			
其他有限责任公司	99364.9	98760.8	136782.6
股份有限公司	7366.1	7348.5	5360.8
私营企业	215937.5	213581.5	218812.0
私营独资企业	101218.7	99804.0	99643.3
私营合伙企业	11219.3	11150.7	8249.2
私营有限责任公司	98832.4	97959.6	108708.7
私营股份有限公司	4667.2	4667.2	2210.7
其他企业	20168.4	19916.4	22098.3
港、澳、台商投资企业	43303.5	43303.5	26370.4
合资经营企业	9853.1	9853.1	6551.6
合作经营企业	2791.3	2791.3	929.5
独资经营企业	28719.5	28719.5	18149.1
投资股份有限公司	1939.6	1939.6	740.3
其他港澳台商投资企业			
外商投资企业	38306.9	38106.9	99953.8
中外合资经营企业	21603.8	21603.8	92101.7
中外合作经营企业			
外资企业	14346.9	14346.9	6452.1
外商投资股份有限公司	1886.4	1686.4	1315.0
其他外商投资企业	469.8	469.8	85.0

B.地区部分

2-B-1　分地区住宿业法人企业基本情况

地　区	法人单位数(个)	年末从业人数(人)	年末餐饮营业面积(平方米)
全　省	**1295**	**39920**	**1239180**
哈尔滨	687	18936	557320
齐齐哈尔	81	2069	73878
鸡　西	25	631	20877
鹤　岗	20	1020	21661
双鸭山	16	517	13080
大　庆	53	2837	46789
伊　春	40	1535	31831
佳木斯	36	1243	46178
七台河	9	275	11150
牡丹江	171	5654	150575
黑　河	53	1089	79485
绥　化	42	1209	55366
大兴安岭	30	1295	52758
农垦总局	21	1384	51982
绥芬河	10	216	24750
抚　远	1	10	1500

2-B-2　分地区住宿业法人企业基本情况(按国民经济行业分)

(旅游饭店)

地　区	法人单位数(个)	年末从业人数(人)	年末餐饮营业面积(平方米)
全　省	**412**	**23169**	**595478**
哈尔滨	166	10603	231834
齐齐哈尔	26	797	29113
鸡　西	11	407	6790
鹤　岗	9	752	11643
双鸭山	8	358	5510
大　庆	20	1669	20480
伊　春	19	1236	20321
佳木斯	16	810	27324
七台河	4	206	8840
牡丹江	74	3165	99084
黑　河	22	648	31271
绥　化	11	487	25376
大兴安岭	11	1006	30480
农垦总局	7	853	25662
绥芬河	7	162	20250
抚　远	1	10	1500

2-B-2 续表 1

(一般旅馆)

地　　区	法人单位数(个)	年末从业人数(人)	年末餐饮营业面积(平方米)
全　　省	**746**	**13308**	**507556**
哈 尔 滨	428	6317	238912
齐齐哈尔	53	1259	44311
鸡　　西	9	139	10100
鹤　　岗	10	265	9918
双 鸭 山	7	144	6370
大　　庆	27	509	20509
伊　　春	21	299	11510
佳 木 斯	14	327	14489
七 台 河	5	69	2310
牡 丹 江	92	2400	49531
黑　　河	23	323	31598
绥　　化	26	498	20940
大兴安岭	18	285	22158
农垦总局	10	420	20400
绥 芬 河	3	54	4500
抚　　远			

2-B-2 续表 2

(其他住宿业)

地　　区	法人单位数(个)	年末从业人数(人)	年末餐饮营业面积(平方米)
全　　省	**137**	**3443**	**136146**
哈 尔 滨	93	2016	86574
齐齐哈尔	2	13	454
鸡　　西	5	85	3987
鹤　　岗	1	3	100
双 鸭 山	1	15	1200
大　　庆	6	659	5800
伊　　春			
佳 木 斯	6	106	4365
七 台 河			
牡 丹 江	5	89	1960
黑　　河	8	118	16616
绥　　化	5	224	9050
大兴安岭	1	4	120
农垦总局	4	111	5920
绥 芬 河			
抚　　远			

2-B-3 分地区住宿业法人企业基本情况(按登记注册类型分)

(内资企业)

地　区	法人单位数(个)	年末从业人数(人)	年末餐饮营业面积(平方米)
全　省	**1276**	**37910**	**1194915**
哈尔滨	678	17823	530547
齐齐哈尔	81	2069	73878
鸡　西	25	631	20877
鹤　岗	20	1020	21661
双鸭山	16	517	13080
大　庆	53	2837	46789
伊　春	39	1474	29213
佳木斯	34	1001	42578
七台河	9	275	11150
牡丹江	168	5213	145161
黑　河	53	1089	79485
绥　化	40	1088	51306
大兴安岭	30	1295	52758
农垦总局	21	1384	51982
绥芬河	8	184	22950
抚　远	1	10	1500

2-B-3 续表 1

(国有企业)

地　区	法人单位数(个)	年末从业人数(人)	年末餐饮营业面积(平方米)
全　省	**166**	**9324**	**238991**
哈尔滨	73	4220	90013
齐齐哈尔	10	289	3536
鸡　西	6	181	9287
鹤　岗	3	285	6150
双鸭山			
大　庆	8	906	7690
伊　春	7	315	6400
佳木斯	3	74	5500
七台河	1	90	2000
牡丹江	18	749	27733
黑　河	13	168	13236
绥　化	5	180	15350
大兴安岭	7	660	10251
农垦总局	12	1207	41845
绥芬河			
抚　远			

2-B-3 续表 2

(集体企业)

地　区	法人单位数(个)	年末从业人数(人)	年末餐饮营业面积(平方米)
全　省	**44**	**687**	**21985**
哈尔滨	29	385	15729
齐齐哈尔	4	149	2450
鸡　西	1	17	150
鹤　岗	1	3	100
双鸭山			
大　庆	2	7	370
伊　春			
佳木斯	1	86	360
七台河			
牡丹江	3	33	2156
黑　河	1	4	270
绥　化	2	3	400
大兴安岭			
农垦总局			
绥芬河			
抚　远			

2-B-3 续表 3

(股份合作企业)

地　区	法人单位数(个)	年末从业人数(人)	年末餐饮营业面积(平方米)
全　省	**8**	**604**	**19350**
哈尔滨	3	411	16080
齐齐哈尔			
鸡　西	2	95	600
鹤　岗			
双鸭山			
大　庆			
伊　春			
佳木斯	1	75	2000
七台河			
牡丹江			
黑　河			
绥　化	1	19	170
大兴安岭	1	4	500
农垦总局			
绥芬河			
抚　远			

2−B−3　续表 4

(有限责任公司)

地　　区	法人单位数(个)	年末从业人数(人)	年末餐饮营业面积(平方米)
全　　省	**282**	**10977**	**340026**
哈 尔 滨	177	6330	175012
齐齐哈尔	20	577	29494
鸡　　西	5	60	4200
鹤　　岗	5	258	9400
双 鸭 山	1	143	1000
大　　庆	14	1238	12360
伊　　春	12	241	6069
佳 木 斯	5	135	7019
七 台 河			
牡 丹 江	12	946	20990
黑　　河	10	509	29193
绥　　化	7	214	10932
大兴安岭	8	271	22177
农垦总局	3	27	3880
绥 芬 河	2	18	6800
抚　　远	1	10	1500

2−B−3　续表 5

(股份有限公司)

地　　区	法人单位数(个)	年末从业人数(人)	年末餐饮营业面积(平方米)
全　　省	**32**	**1563**	**42832**
哈 尔 滨	13	945	13262
齐齐哈尔	3	171	6920
鸡　　西	1	55	450
鹤　　岗			
双 鸭 山			
大　　庆	2	71	4600
伊　　春			
佳 木 斯			
七 台 河			
牡 丹 江	5	119	3900
黑　　河	3	18	1200
绥　　化	2	69	2300
大兴安岭			
农垦总局			
绥 芬 河	3	115	10200
抚　　远			

2-B-3 续表 6

(私营企业)

地　区	法人单位数(个)	年末从业人数(人)	年末餐饮营业面积(平方米)
全　省	**624**	**12910**	**440533**
哈 尔 滨	337	5059	182775
齐齐哈尔	34	684	26887
鸡　西	8	208	5190
鹤　岗	9	363	5211
双 鸭 山	15	374	12080
大　庆	22	597	20599
伊　春	18	909	16394
佳 木 斯	20	529	22255
七 台 河	6	176	6940
牡 丹 江	98	2796	73824
黑　河	23	274	27848
绥　化	16	489	12800
大兴安岭	13	345	19730
农垦总局	3	77	2350
绥 芬 河	2	30	5650
抚　远			

2-B-3 续表 7

(其他企业)

地　区	法人单位数(个)	年末从业人数(人)	年末餐饮营业面积(平方米)
全　省	**113**	**1763**	**85672**
哈 尔 滨	43	413	33450
齐齐哈尔	10	199	4591
鸡　西	1	10	200
鹤　岗	1	108	500
双 鸭 山			
大　庆	5	18	1170
伊　春	1	6	150
佳 木 斯	4	102	5444
七 台 河	2	9	2210
牡 丹 江	31	559	16558
黑　河	3	116	7738
绥　化	7	114	9354
大兴安岭	1	15	100
农垦总局	3	73	3907
绥 芬 河	1	21	300
抚　远			

2-B-3　续表 8

(港、澳、台商投资企业)

地　　区	法人单位数（个）	年末从业人数（人）	年末餐饮营业面积（平方米）
全　　省	**12**	**1144**	**27379**
哈 尔 滨	4	279	11687
齐齐哈尔			
鸡　　西			
鹤　　岗			
双 鸭 山			
大　　庆			
伊　　春	1	61	2618
佳 木 斯	2	242	3600
七 台 河			
牡 丹 江	3	441	5414
黑　　河			
绥　　化	2	121	4060
大兴安岭			
农垦总局			
绥 芬 河			
抚　　远			

2-B-3　续表 9

(外商投资企业)

地　　区	法人单位数（个）	年末从业人数（人）	年末餐饮营业面积（平方米）
全　　省	**7**	**866**	**16886**
哈 尔 滨	5	834	15086
齐齐哈尔			
鸡　　西			
鹤　　岗			
双 鸭 山			
大　　庆			
伊　　春			
佳 木 斯			
七 台 河			
牡 丹 江			
黑　　河			
绥　　化			
大兴安岭			
农垦总局			
绥 芬 河	2	32	1800
抚　　远			

2-B-4 分地区住宿业法人企业基本情况(按星级分)

(一星)

地　区	法人单位数(个)	年末从业人数(人)	年末餐饮营业面积(平方米)
全　省	**16**	**246**	**8820**
哈尔滨	9	91	4350
齐齐哈尔			
鸡　西	1	25	300
鹤　岗	1	1	300
双鸭山			
大　庆	1	15	2000
伊　春	1	23	210
佳木斯	2	48	960
七台河	1	43	700
牡丹江			
黑　河			
绥　化			
大兴安岭			
农垦总局			
绥芬河			
抚　远			

2-B-4 续表 1

(二星)

地　区	法人单位数(个)	年末从业人数(人)	年末餐饮营业面积(平方米)
全　省	**68**	**1738**	**94018**
哈尔滨	24	659	26926
齐齐哈尔	8	124	15638
鸡　西	4	105	520
鹤　岗	2	94	5300
双鸭山	1	20	210
大　庆	3	57	1690
伊　春	5	154	3599
佳木斯	2	31	1030
七台河	1	9	500
牡丹江	8	215	6205
黑　河	5	78	8900
绥　化	2	80	9800
大兴安岭	1	22	3700
农垦总局	2	90	10000
绥芬河			
抚　远			

2-B-4　续表 2

(三星)

地　区	法人单位数(个)	年末从业人数(人)	年末餐饮营业面积(平方米)
全　省	**350**	**8677**	**258813**
哈尔滨	277	5635	148554
齐齐哈尔	9	402	9371
鸡　西	5	230	6900
鹤　岗	3	223	1613
双鸭山	2	163	1300
大　庆	5	161	4360
伊　春	4	183	1580
佳木斯	6	255	18300
七台河	1	46	480
牡丹江	13	522	20070
黑　河	9	187	18904
绥　化	6	379	10380
大兴安岭	4	69	3801
农垦总局	3	160	7750
绥芬河	3	62	5450
抚　远			

2-B-4　续表 3

(四星)

地　区	法人单位数(个)	年末从业人数(人)	年末餐饮营业面积(平方米)
全　省	**60**	**7757**	**145232**
哈尔滨	24	3036	49759
齐齐哈尔	3	204	3934
鸡　西	2	87	3950
鹤　岗	3	363	7200
双鸭山			
大　庆	7	1145	8010
伊　春	2	166	4050
佳木斯	1	95	2000
七台河	2	155	6360
牡丹江	5	795	19368
黑　河	3	405	14793
绥　化	1	85	5916
大兴安岭	4	592	14080
农垦总局	2	614	3812
绥芬河	1	15	2000
抚　远			

2-B-4 续表 4

(五星)

地　区	法人单位数(个)	年末从业人数(人)	年末餐饮营业面积(平方米)
全　省	**16**	**2661**	**49177**
哈尔滨	6	1322	20436
齐齐哈尔	1	100	2000
鸡　西			
鹤　岗	1	80	750
双鸭山			
大　庆	1	281	1000
伊　春			
佳木斯	1	46	635
七台河			
牡丹江	2	502	9640
黑　河			
绥　化	1	4	1316
大兴安岭	2	296	12800
农垦总局			
绥芬河	1	30	600
抚　远			

2-B-4 续表 5

(其他)

地　区	法人单位数(个)	年末从业人数(人)	年末餐饮营业面积(平方米)
全　省	**785**	**18841**	**683120**
哈尔滨	347	8193	307295
齐齐哈尔	60	1239	42935
鸡　西	13	184	9207
鹤　岗	10	259	6498
双鸭山	13	334	11570
大　庆	36	1178	29729
伊　春	28	1009	22392
佳木斯	24	768	23253
七台河	4	22	3110
牡丹江	143	3620	95292
黑　河	36	419	36888
绥　化	32	661	27954
大兴安岭	19	316	18377
农垦总局	14	520	30420
绥芬河	5	109	16700
抚　远	1	10	1500

2-B-5　分地区住宿业法人企业财务状况

单位：万元

地　区	营业收入	#主营业务收入	资产总计
全　省	**494999.3**	**488192.1**	**1446656.0**
哈尔滨	291556.4	287147.0	856430.7
齐齐哈尔	15590.0	15506.4	40641.5
鸡　西	2836.7	2695.4	16662.7
鹤　岗	8464.7	8435.5	16879.3
双鸭山	3649.0	3614.1	7689.0
大　庆	21602.1	21518.2	134971.9
伊　春	23018.8	21444.0	35315.9
佳木斯	14271.0	14265.4	16425.1
七台河	1709.6	1709.6	11975.1
牡丹江	71449.2	71224.5	112945.9
黑　河	7226.3	7180.7	28871.5
绥　化	7517.5	7505.5	32004.3
大兴安岭	9878.5	9819.5	87253.8
农垦总局	13116.0	13015.4	44944.6
绥芬河	2933.4	2930.9	3494.6
抚　远	180.0	180.0	150.0

2-B-6　分地区住宿业法人企业财务状况(按国民经济行业分)

(旅游饭店)　　单位：万元

地　区	营业收入	#主营业务收入	资产总计
全　省	**304485.7**	**299350.9**	**936533.4**
哈尔滨	182715.8	179530.3	529217.2
齐齐哈尔	5274.2	5222.6	12681.8
鸡　西	2320.5	2190.3	14578.2
鹤　岗	6159.8	6140.3	13385.0
双鸭山	2933.1	2926.2	3947.6
大　庆	10757.4	10757.4	73346.4
伊　春	18598.0	17057.2	25989.1
佳木斯	9908.8	9908.3	11709.3
七台河	1404.2	1404.2	11149.9
牡丹江	35462.4	35408.8	77573.1
黑　河	5071.9	5034.3	19734.4
绥　化	3756.1	3746.1	21797.9
大兴安岭	7911.8	7852.8	78527.6
农垦总局	9877.4	9840.5	40236.9
绥芬河	2154.2	2151.7	2508.9
抚　远	180.0	180.0	150.0

2-B-6 续表 1

(一般旅馆) 单位：万元

地　　区	营业收入	#主营业务收入	资产总计
全　　省	**160447.2**	**159153.8**	**242974.3**
哈尔滨	89037.3	88034.3	121150.5
齐齐哈尔	10267.9	10246.9	26759.7
鸡　　西	384.2	373.1	2025.5
鹤　　岗	2292.8	2283.2	3487.1
双鸭山	680.9	652.9	3717.8
大　　庆	3737.0	3736.2	7625.4
伊　　春	4420.8	4386.8	9326.8
佳木斯	3332.7	3327.7	3360.4
七台河	305.4	305.4	825.2
牡丹江	35228.7	35057.6	34042.8
黑　　河	1675.3	1668.3	7549.1
绥　　化	3470.4	3468.4	9195.4
大兴安岭	1966.7	1966.7	8726.2
农垦总局	2868.1	2867.3	4196.7
绥芬河	779.2	779.2	985.7
抚　　远			

2-B-6 续表 2

(其他住宿业) 单位：万元

地　　区	营业收入	#主营业务收入	资产总计
全　　省	**30066.4**	**29687.4**	**267148.3**
哈尔滨	19803.3	19582.4	206063.1
齐齐哈尔	48.0	37.0	1200.0
鸡　　西	132.1	132.1	59.0
鹤　　岗	12.0	12.0	7.2
双鸭山	35.0	35.0	23.6
大　　庆	7107.8	7024.7	54000.1
伊　　春			
佳木斯	1029.5	1029.5	1355.3
七台河			
牡丹江	758.1	758.1	1330.0
黑　　河	479.1	478.1	1588.0
绥　　化	291.0	291.0	1011.0
大兴安岭			
农垦总局	370.6	307.6	511.0
绥芬河			
抚　　远			

2-B-7　分地区住宿业法人企业财务状况(按登记注册类型分)

(内资企业)　　单位：万元

地　区	营业收入	#主营业务收入	资产总计
全　省	**440282.0**	**433979.1**	**1215684.3**
哈尔滨	250590.7	246685.6	668932.9
齐齐哈尔	15590.0	15506.4	40641.5
鸡　西	2836.7	2695.4	16662.7
鹤　岗	8464.7	8435.5	16879.3
双鸭山	3649.0	3614.1	7689.0
大　庆	21602.1	21518.2	134971.9
伊　春	22259.7	20684.9	34164.3
佳木斯	11066.7	11061.1	9156.1
七台河	1709.6	1709.6	11975.1
牡丹江	64795.7	64571.0	95639.3
黑　河	7226.3	7180.7	28871.5
绥　化	5146.5	5134.5	14574.6
大兴安岭	9878.5	9819.5	87253.8
农垦总局	13116.0	13015.4	44944.6
绥芬河	2169.7	2167.2	3177.7
抚　远	180.0	180.0	150.0

2-B-7　续表 1

(国有企业)　　单位：万元

地　区	营业收入	#主营业务收入	资产总计
全　省	**94376.7**	**93003.2**	**364495.4**
哈尔滨	52356.9	51100.5	250975.8
齐齐哈尔	1893.6	1882.6	2135.1
鸡　西	263.6	258.5	2171.0
鹤　岗	2566.9	2566.9	791.5
双鸭山			
大　庆	6109.6	6089.6	21726.3
伊　春	6276.4	6276.4	2982.5
佳木斯	1873.7	1873.7	1053.3
七台河	545.6	545.6	6036.3
牡丹江	5647.1	5647.0	12096.3
黑　河	743.4	738.4	4946.8
绥　化	316.7	316.7	1678.9
大兴安岭	3137.6	3078.6	16994.1
农垦总局	12645.6	12628.7	40907.6
绥芬河			
抚　远			

2-B-7 续表 2

(集体企业)　　单位：万元

地 区	营业收入	#主营业务收入	资产总计
全 省	**6862.0**	**6861.2**	**12000.6**
哈 尔 滨	5200.1	5200.1	9064.9
齐齐哈尔	511.0	511.0	1691.0
鸡 西	43.0	43.0	6.5
鹤 岗	12.0	12.0	7.2
双 鸭 山			
大 庆	1.6	0.8	5.0
伊 春			
佳 木 斯	646.8	646.8	106.0
七 台 河			
牡 丹 江	433.0	433.0	300.0
黑 河	3.5	3.5	700.0
绥 化	11.0	11.0	120.0
大兴安岭			
农垦总局			
绥 芬 河			
抚 远			

2-B-7 续表 3

(股份合作企业)　　单位：万元

地 区	营业收入	#主营业务收入	资产总计
全 省	**11499.9**	**10523.9**	**26271.8**
哈 尔 滨	9072.4	8226.7	24387.2
齐齐哈尔			
鸡 西	585.5	455.2	776.0
鹤 岗			
双 鸭 山			
大 庆			
伊 春			
佳 木 斯	1742.0	1742.0	960.5
七 台 河			
牡 丹 江			
黑 河			
绥 化	50.0	50.0	48.0
大兴安岭	50.0	50.0	100.0
农垦总局			
绥 芬 河			
抚 远			

2–B–7　续表 4

(有限责任公司)　　单位：万元

地　区	营业收入	#主营业务收入	资产总计
全　省	**132069.5**	**130648.2**	**403631.0**
哈尔滨	90707.1	89443.9	213287.7
齐齐哈尔	4254.7	4205.1	10359.0
鸡　西	353.9	348.9	1529.0
鹤　岗	2406.6	2406.6	6993.8
双鸭山	2165.0	2165.0	1825.1
大　庆	11312.7	11249.6	98251.9
伊　春	2324.1	2324.1	6554.6
佳木斯	835.3	835.3	1018.3
七台河			
牡丹江	7255.7	7215.3	23951.8
黑　河	4414.2	4414.2	16259.2
绥　化	2273.5	2273.5	6104.3
大兴安岭	2488.4	2488.4	16078.5
农垦总局	187.0	187.0	1161.0
绥芬河	911.4	911.4	106.8
抚　远	180.0	180.0	150.0

2–B–7　续表 5

(股份有限公司)　　单位：万元

地　区	营业收入	#主营业务收入	资产总计
全　省	**23228.2**	**23129.6**	**58942.6**
哈尔滨	17942.0	17848.5	44650.3
齐齐哈尔	2536.1	2536.1	4013.0
鸡　西	425.1	425.1	3797.1
鹤　岗			
双鸭山			
大　庆	420.6	420.6	1011.0
伊　春			
佳木斯			
七台河			
牡丹江	669.1	666.5	3335.4
黑　河	32.1	32.1	1087.0
绥　化	330.0	330.0	250.0
大兴安岭			
农垦总局			
绥芬河	873.3	870.8	798.8
抚　远			

2-B-7 续表 6

(私营企业) 单位：万元

地 区	营业收入	#主营业务收入	资产总计
全 省	**158049.5**	**155798.7**	**325408.2**
哈尔滨	71407.3	71029.4	120075.9
齐齐哈尔	5096.6	5085.6	19997.6
鸡 西	1042.7	1041.7	8325.1
鹤 岗	2846.8	2837.1	8418.0
双鸭山	1484.0	1449.1	5863.9
大 庆	3705.7	3705.7	13548.7
伊 春	13646.3	12075.5	24507.3
佳木斯	4732.8	4727.3	4958.0
七台河	1158.6	1158.6	5635.6
牡丹江	45055.2	44948.6	46544.1
黑 河	1265.5	1224.9	4328.4
绥 化	2039.3	2027.3	5498.4
大兴安岭	4190.6	4190.6	53981.2
农垦总局	224.9	144.1	2258.0
绥芬河	153.4	153.4	1468.1
抚 远			

2-B-7 续表 7

(其他企业) 单位：万元

地 区	营业收入	#主营业务收入	资产总计
全 省	**13483.2**	**13301.2**	**24443.2**
哈尔滨	3498.0	3429.6	6263.1
齐齐哈尔	1298.1	1286.1	2445.8
鸡 西	120.0	120.0	50.0
鹤 岗	612.3	592.8	518.8
双鸭山			
大 庆	52.0	52.0	429.0
伊 春	10.0	6.0	80.0
佳木斯	1236.0	1236.0	1060.0
七台河	5.4	5.4	303.2
牡丹江	5455.7	5380.6	9346.2
黑 河	767.6	767.6	1550.0
绥 化	126.0	126.0	875.0
大兴安岭	12.0	12.0	100.0
农垦总局	58.6	55.6	618.0
绥芬河	231.6	231.6	804.1
抚 远			

2–B–7　续表 8

(港、澳、台商投资企业)　　单位：万元

地　区	营业收入	#主营业务收入	资产总计
全　省	**23658.4**	**23158.6**	**157314.5**
哈尔滨	10670.5	10170.7	114157.5
齐齐哈尔			
鸡　西			
鹤　岗			
双鸭山			
大　庆			
伊　春	759.1	759.1	1151.6
佳木斯	3204.3	3204.3	7269.0
七台河			
牡丹江	6653.5	6653.5	17306.6
黑　河			
绥　化	2371.0	2371.0	17429.7
大兴安岭			
农垦总局			
绥芬河			
抚　远			

2–B–7　续表 9

(外商投资企业)　　单位：万元

地　区	营业收入	#主营业务收入	资产总计
全　省	**31058.9**	**31054.4**	**73657.2**
哈尔滨	30295.2	30290.7	73340.3
齐齐哈尔			
鸡　西			
鹤　岗			
双鸭山			
大　庆			
伊　春			
佳木斯			
七台河			
牡丹江			
黑　河			
绥　化			
大兴安岭			
农垦总局			
绥芬河	763.7	763.7	316.9
抚　远			

2-B-8 分地区住宿业法人企业财务状况(按星级分)

(一星)

单位：万元

地区	营业收入	#主营业务收入	资产总计
全省	**2400.1**	**2361.1**	**5550.5**
哈尔滨	1050.7	1011.7	439.2
齐齐哈尔			
鸡西	92.0	92.0	900.0
鹤岗			2000.0
双鸭山			
大庆	279.2	279.2	459.8
伊春	630.2	630.2	885.8
佳木斯	273.0	273.0	365.7
七台河	75.0	75.0	500.0
牡丹江			
黑河			
绥化			
大兴安岭			
农垦总局			
绥芬河			
抚远			

2-B-8 续表 1

(二星)

单位：万元

地区	营业收入	#主营业务收入	资产总计
全省	**19501.3**	**19366.9**	**180540.5**
哈尔滨	4682.9	4561.2	151391.5
齐齐哈尔	1632.5	1630.5	11769.8
鸡西	562.0	562.0	962.3
鹤岗	842.4	832.7	1257.0
双鸭山	100.9	100.9	725.0
大庆	367.9	367.9	417.4
伊春	4399.4	4399.4	1853.8
佳木斯	351.0	351.0	547.4
七台河	50.0	50.0	72.0
牡丹江	5012.3	5012.3	4627.2
黑河	305.5	304.5	1948.2
绥化	229.3	229.3	505.9
大兴安岭	12.3	12.3	195.0
农垦总局	953.0	953.0	4268.0
绥芬河			
抚远			

2-B-8　续表 2

(三星)　　　　单位：万元

地　　区	营业收入	#主营业务收入	资产总计
全　　省	**103074.7**	**101319.5**	**219540.1**
哈 尔 滨	75773.7	74156.9	152634.7
齐齐哈尔	1625.7	1576.1	8013.6
鸡　　西	996.3	991.2	8638.6
鹤　　岗	1522.3	1502.8	1671.1
双 鸭 山	2165.0	2165.0	2425.1
大　　庆	1031.1	1031.1	729.0
伊　　春	3486.6	3486.6	4692.2
佳 木 斯	4176.5	4175.9	1686.2
七 台 河	297.3	297.3	1463.1
牡 丹 江	4795.6	4777.8	7772.3
黑　　河	963.0	920.4	2652.9
绥　　化	3329.7	3329.7	20174.9
大兴安岭	688.1	688.1	4060.7
农垦总局	1054.8	1054.0	1290.6
绥 芬 河	1169.1	1166.6	1635.2
抚　　远			

2-B-8　续表 3

(四星)　　　　单位：万元

地　　区	营业收入	#主营业务收入	资产总计
全　　省	**96630.2**	**95307.5**	**356441.7**
哈 尔 滨	52145.0	50931.3	189789.5
齐齐哈尔	1123.7	1123.7	1901.5
鸡　　西	607.1	607.1	4417.9
鹤　　岗	3321.9	3321.9	5641.9
双 鸭 山			
大　　庆	11565.5	11565.5	29385.3
伊　　春	1290.7	1290.7	3904.1
佳 木 斯	801.3	801.3	980.0
七 台 河	1106.9	1106.9	9386.8
牡 丹 江	7191.6	7158.5	34911.5
黑　　河	3913.2	3913.2	14581.8
绥　　化	697.8	697.8	1183.8
大兴安岭	4483.0	4424.0	28440.3
农垦总局	8279.1	8262.2	31855.6
绥 芬 河	103.4	103.4	61.6
抚　　远			

2-B-8 续表 4

(五星)

单位：万元

地区	营业收入	#主营业务收入	资产总计
全省	**56324.9**	**56257.3**	**196098.1**
哈尔滨	43912.7	43908.2	75634.8
齐齐哈尔	660.7	660.7	853.2
鸡西			
鹤岗	659.4	659.4	3151.8
双鸭山			
大庆	1577.0	1513.9	51811.1
伊春			
佳木斯	956.0	956.0	920.0
七台河			
牡丹江	5262.4	5262.4	12492.3
黑河			
绥化			250.0
大兴安岭	2617.0	2617.0	50806.6
农垦总局			
绥芬河	679.7	679.7	178.2
抚远			

2-B-8 续表 5

(其他)

单位：万元

地区	营业收入	#主营业务收入	资产总计
全省	**217068.1**	**213579.8**	**488485.1**
哈尔滨	113991.5	112577.8	286541.0
齐齐哈尔	10547.4	10515.4	18103.4
鸡西	579.4	443.1	1743.9
鹤岗	2118.7	2118.7	3157.5
双鸭山	1383.2	1348.2	4538.9
大庆	6781.5	6760.7	52169.3
伊春	13211.9	11637.1	23980.0
佳木斯	7713.2	7708.2	11925.7
七台河	180.4	180.4	553.2
牡丹江	49187.3	49013.5	53142.6
黑河	2044.6	2042.6	9688.6
绥化	3260.7	3248.7	9889.7
大兴安岭	2078.2	2078.2	3751.2
农垦总局	2829.2	2746.2	7530.4
绥芬河	981.2	981.2	1619.6
抚远	180.0	180.0	150.0

2-B-9 分地区餐饮业法人企业基本情况

地 区	法人单位数（个）	年末从业人数（人）	年末餐饮营业面积（平方米）
全 省	**1398**	**33909**	**1007523**
哈尔滨	700	14409	465931
齐齐哈尔	63	1322	48873
鸡 西	29	567	15947
鹤 岗	11	234	5235
双鸭山	15	463	11372
大 庆	60	2414	79447
伊 春	27	554	27717
佳木斯	43	1436	35639
七台河	13	222	9690
牡丹江	324	9295	155264
黑 河	25	1069	26263
绥 化	42	788	30532
大兴安岭	22	292	11010
农垦总局	17	688	79473
绥芬河	4	68	1859
抚 远	3	88	3271

2-B-10 分地区餐饮业法人企业基本情况(按国民经济行业分)

(正餐服务)

地 区	法人单位数（个）	年末从业人数（人）	年末餐饮营业面积（平方米）
全 省	**1180**	**30163**	**895551**
哈尔滨	580	12608	394413
齐齐哈尔	52	1186	46508
鸡 西	25	467	14097
鹤 岗	7	158	2632
双鸭山	12	435	10652
大 庆	48	2019	74014
伊 春	24	514	25565
佳木斯	34	1260	32964
七台河	10	205	9390
牡丹江	291	8682	143519
黑 河	22	1022	25663
绥 化	34	661	28220
大兴安岭	20	165	9710
农垦总局	16	664	74483
绥芬河	2	29	450
抚 远	3	88	3271

2-B-10 续表 1

(快餐服务)

地　区	法人单位数(个)	年末从业人数(人)	年末餐饮营业面积(平方米)
全　省	**91**	**1822**	**46144**
哈尔滨	48	1003	31617
齐齐哈尔	6	111	1090
鸡　西	1	42	455
鹤　岗	3	70	2403
双鸭山	1	6	100
大　庆	7	71	1483
伊　春			
佳木斯	6	118	1595
七台河	1	6	100
牡丹江	11	227	4435
黑　河	1	20	320
绥　化	4	109	1137
大兴安岭			
农垦总局			
绥芬河	2	39	1409
抚　远			

2-B-10 续表 2

(饮料及冷饮服务)

地　区	法人单位数(个)	年末从业人数(人)	年末餐饮营业面积(平方米)
全　省	**28**	**362**	**7832**
哈尔滨	11	119	3535
齐齐哈尔	3	18	995
鸡　西	2	25	395
鹤　岗			
双鸭山			
大　庆			
伊　春			
佳木斯	3	58	1080
七台河			
牡丹江	9	142	1827
黑　河			
绥　化			
大兴安岭			
农垦总局			
绥芬河			
抚　远			

2-B-10 续表 3

(其他餐饮业)

地 区	法人单位数(个)	年末从业人数(人)	年末餐饮营业面积(平方米)
全 省	**99**	**1562**	**57996**
哈尔滨	61	679	36366
齐齐哈尔	2	7	280
鸡 西	1	33	1000
鹤 岗	1	6	200
双鸭山	2	22	620
大 庆	5	324	3950
伊 春	3	40	2152
佳木斯			
七台河	2	11	200
牡丹江	13	244	5483
黑 河	2	27	280
绥 化	4	18	1175
大兴安岭	2	127	1300
农垦总局	1	24	4990
绥芬河			
抚 远			

2-B-11 分地区餐饮业法人企业基本情况(按登记注册类型分)

(内资企业)

地 区	法人单位数(个)	年末从业人数(人)	年末餐饮营业面积(平方米)
全 省	**1342**	**29806**	**902561**
哈尔滨	655	10956	373672
齐齐哈尔	61	1272	47673
鸡 西	29	567	15947
鹤 岗	11	234	5235
双鸭山	14	457	10472
大 庆	60	2414	79447
伊 春	27	554	27717
佳木斯	39	1188	28923
七台河	13	222	9690
牡丹江	322	9023	152064
黑 河	25	1069	26263
绥 化	40	714	29845
大兴安岭	22	292	11010
农垦总局	17	688	79473
绥芬河	4	68	1859
抚 远	3	88	3271

2-B-11 续表 1

(国有企业)

地 区	法人单位数(个)	年末从业人数(人)	年末餐饮营业面积(平方米)
全 省	**44**	**2207**	**93789**
哈尔滨	8	224	11808
齐齐哈尔	2	24	715
鸡 西	4	84	3100
鹤 岗			
双鸭山	1	74	530
大 庆	3	287	9196
伊 春	4	66	4680
佳木斯	2	80	1600
七台河	1	70	1000
牡丹江	2	85	1312
黑 河	4	605	7680
绥 化	3	57	1600
大兴安岭	1	126	900
农垦总局	8	374	49397
绥芬河			
抚 远	1	51	271

2-B-11 续表 2

(集体企业)

地 区	法人单位数(个)	年末从业人数(人)	年末餐饮营业面积(平方米)
全 省	**13**	**199**	**6514**
哈尔滨	7	71	3944
齐齐哈尔	1	65	1600
鸡 西	2	38	550
鹤 岗			
双鸭山			
大 庆	1	5	200
伊 春			
佳木斯	1	18	150
七台河			
牡丹江			
黑 河			
绥 化	1	2	70
大兴安岭			
农垦总局			
绥芬河			
抚 远			

2-B-11　续表 3

(股份合作企业)

地　　区	法人单位数 (个)	年末从业人数 (人)	年末餐饮营业面积 (平方米)
全　　省	**6**	**97**	**2619**
哈 尔 滨	5	91	2119
齐齐哈尔			
鸡　　西			
鹤　　岗			
双 鸭 山			
大　　庆			
伊　　春			
佳 木 斯	1	6	500
七 台 河			
牡 丹 江			
黑　　河			
绥　　化			
大兴安岭			
农垦总局			
绥 芬 河			
抚　　远			

2-B-11　续表 4

(有限责任公司)

地　　区	法人单位数 (个)	年末从业人数 (人)	年末餐饮营业面积 (平方米)
全　　省	**258**	**8904**	**230387**
哈 尔 滨	162	3421	126651
齐齐哈尔	10	269	11200
鸡　　西	4	136	2242
鹤　　岗	7	174	3469
双 鸭 山	4	41	2720
大　　庆	16	540	27030
伊　　春	8	173	7050
佳 木 斯	7	281	4800
七 台 河			
牡 丹 江	20	3284	14190
黑　　河	7	285	12035
绥　　化	8	244	14450
大兴安岭	1	13	1500
农垦总局	2	8	800
绥 芬 河	1	15	250
抚　　远	1	20	2000

2-B-11 续表 5

(股份有限公司)

地 区	法人单位数(个)	年末从业人数(人)	年末餐饮营业面积(平方米)
全 省	**30**	**714**	**26500**
哈尔滨	17	413	19469
齐齐哈尔	2	20	1130
鸡 西			
鹤 岗	2	20	973
双鸭山			
大 庆			
伊 春			
佳木斯	2	176	3030
七台河			
牡丹江	5	73	1610
黑 河	1	5	88
绥 化			
大兴安岭	1	7	200
农垦总局			
绥芬河			
抚 远			

2-B-11 续表 6

(私营企业)

地 区	法人单位数(个)	年末从业人数(人)	年末餐饮营业面积(平方米)
全 省	**856**	**15529**	**489749**
哈尔滨	413	6161	188931
齐齐哈尔	36	727	30428
鸡 西	13	224	6835
鹤 岗	2	40	793
双鸭山	7	284	5622
大 庆	37	1469	41521
伊 春	13	286	14487
佳木斯	22	512	17683
七台河	10	142	8270
牡丹江	242	4669	118029
黑 河	12	172	6220
绥 化	21	363	12335
大兴安岭	18	144	8210
农垦总局	6	266	27776
绥芬河	3	53	1609
抚 远	1	17	1000

2-B-11　续表 7

(其他企业)

地　区	法人单位数（个）	年末从业人数（人）	年末餐饮营业面积（平方米）
全　省	**131**	**2118**	**51916**
哈尔滨	41	545	20250
齐齐哈尔	10	167	2600
鸡　西	5	84	3220
鹤　岗			
双鸭山	2	58	1600
大　庆	3	113	1500
伊　春	2	29	1500
佳木斯	4	115	1160
七台河	2	10	420
牡丹江	52	905	16336
黑　河	1	2	240
绥　化	7	48	1390
大兴安岭	1	2	200
农垦总局	1	40	1500
绥芬河			
抚　远			

2-B-11　续表 8

(港、澳、台商投资企业)

地　区	法人单位数（个）	年末从业人数（人）	年末餐饮营业面积（平方米）
全　省	**19**	**1562**	**50756**
哈尔滨	15	1166	45505
齐齐哈尔	1	40	1000
鸡　西			
鹤　岗			
双鸭山			
大　庆			
伊　春			
佳木斯	1	84	1051
七台河			
牡丹江	2	272	3200
黑　河			
绥　化			
大兴安岭			
农垦总局			
绥芬河			
抚　远			

2-B-11 续表 9

(外商投资企业)

地　区	法人单位数(个)	年末从业人数(人)	年末餐饮营业面积(平方米)
全　省	**37**	**2541**	**54206**
哈尔滨	30	2287	46754
齐齐哈尔	1	10	200
鸡　西			
鹤　岗			
双鸭山	1	6	900
大　庆			
伊　春			
佳木斯	3	164	5665
七台河			
牡丹江			
黑　河			
绥　化	2	74	687
大兴安岭			
农垦总局			
绥芬河			
抚　远			

2-B-12 分地区餐饮业法人企业财务状况

单位：万元

地　区	营业收入	#主营业务收入	资产总计
全　省	**462446.2**	**458729.6**	**554481.0**
哈尔滨	240867.8	238877.6	287323.0
齐齐哈尔	9693.2	9557.2	16919.8
鸡　西	5379.7	5313.4	10748.6
鹤　岗	2472.6	2472.6	1407.5
双鸭山	3633.2	3622.7	14563.4
大　庆	30720.3	30419.6	44019.4
伊　春	8932.1	8917.1	16367.5
佳木斯	17515.9	17103.0	14032.4
七台河	1221.4	1209.4	2541.1
牡丹江	106801.0	106203.9	82372.9
黑　河	7604.2	7574.2	15853.0
绥　化	6336.0	6208.5	10040.8
大兴安岭	1832.9	1814.3	8604.0
农垦总局	18260.5	18260.5	21181.5
绥芬河	801.9	801.9	455.2
抚　远	373.5	373.5	8050.9

2-B-13 分地区餐饮业法人企业财务状况(按国民经济行业分)

(正餐服务) 单位：万元

地 区	营业收入	#主营业务收入	资产总计
全 省	**402917.3**	**399524.2**	**502782.1**
哈尔滨	202055.2	200333.2	254794.8
齐齐哈尔	8662.9	8546.9	15511.8
鸡 西	4563.7	4497.4	9959.2
鹤 岗	1824.6	1824.6	1120.3
双鸭山	3402.7	3402.7	14278.4
大 庆	27066.6	26765.9	43119.0
伊 春	8741.4	8726.4	14147.5
佳木斯	16418.6	16025.7	11895.1
七台河	1174.4	1162.4	2457.1
牡丹江	97169.8	96572.7	73807.6
黑 河	7276.6	7246.6	15823.0
绥 化	4972.7	4850.2	8363.1
大兴安岭	935.2	916.7	8123.0
农垦总局	18030.5	18030.5	21131.5
绥芬河	248.9	248.9	200.0
抚 远	373.5	373.5	8050.9

2-B-13 续表 1

(快餐服务) 单位：万元

地 区	营业收入	#主营业务收入	资产总计
全 省	**40132.1**	**39892.1**	**24566.4**
哈尔滨	29834.1	29634.1	17174.5
齐齐哈尔	709.0	689.0	1246.4
鸡 西	493.5	493.5	197.3
鹤 岗	618.0	618.0	217.2
双鸭山	1.0	1.0	6.0
大 庆	1097.1	1097.1	283.2
伊 春			
佳木斯	1034.9	1014.9	2062.0
七台河	11.0	11.0	34.0
牡丹江	4403.1	4403.1	1652.7
黑 河	159.6	159.6	10.0
绥 化	1217.8	1217.8	1427.8
大兴安岭			
农垦总局			
绥芬河	553.0	553.0	255.2
抚 远			

2-B-13 续表 2

(饮料及冷饮服务) 单位：万元

地　区	营业收入	#主营业务收入	资产总计
全　省	**4298.6**	**4290.5**	**6581.3**
哈尔滨	2200.9	2192.8	2989.3
齐齐哈尔	231.8	231.8	108.0
鸡　西	322.5	322.5	592.1
鹤　岗			
双鸭山			
大　庆			
伊　春			
佳木斯	62.4	62.4	75.3
七台河			
牡丹江	1481.0	1481.0	2816.6
黑　河			
绥　化			
大兴安岭			
农垦总局			
绥芬河			
抚　远			

2-B-13 续表 3

(其他餐饮业) 单位：万元

地　区	营业收入	#主营业务收入	资产总计
全　省	**15098.3**	**15022.8**	**20551.2**
哈尔滨	6777.7	6717.6	12364.4
齐齐哈尔	89.5	89.5	53.5
鸡　西			
鹤　岗	30.0	30.0	70.0
双鸭山	229.5	219.0	279.0
大　庆	2556.7	2556.7	617.2
伊　春	190.6	190.6	2220.0
佳木斯			
七台河	36.0	36.0	50.0
牡丹江	3747.2	3747.2	4096.1
黑　河	168.0	168.0	20.0
绥　化	145.5	140.5	250.0
大兴安岭	897.7	897.7	481.0
农垦总局	230.0	230.0	50.0
绥芬河			
抚　远			

2-B-14　分地区餐饮业法人企业财务状况(按登记注册类型分)

(内资企业)　　单位：万元

地　区	营业收入	#主营业务收入	资产总计
全　省	**380835.8**	**377319.2**	**428156.8**
哈尔滨	165840.4	164050.3	165075.5
齐齐哈尔	9383.2	9247.2	16319.8
鸡　西	5379.7	5313.4	10748.6
鹤　岗	2472.6	2472.6	1407.5
双鸭山	3630.2	3619.7	14383.0
大　庆	30720.3	30419.6	44019.4
伊　春	8932.1	8917.1	16367.5
佳木斯	13935.3	13522.4	11395.4
七台河	1221.4	1209.4	2541.1
牡丹江	104831.6	104234.5	82173.7
黑　河	7604.2	7574.2	15853.0
绥　化	5616.0	5488.5	9580.8
大兴安岭	1832.9	1814.3	8604.0
农垦总局	18260.5	18260.5	21181.5
绥芬河	801.9	801.9	455.2
抚　远	373.5	373.5	8050.9

2-B-14　续表 1

(国有企业)　　单位：万元

地　区	营业收入	#主营业务收入	资产总计
全　省	**34682.9**	**34416.9**	**42419.4**
哈尔滨	3079.6	3033.5	2145.8
齐齐哈尔	657.7	657.7	107.3
鸡　西	248.8	248.8	49.0
鹤　岗			
双鸭山	1433.0	1433.0	777.6
大　庆	5057.8	4837.9	-401.1
伊　春	935.7	935.7	2778.0
佳木斯	2118.0	2118.0	1201.2
七台河	45.8	45.8	280.0
牡丹江	345.1	345.1	2537.5
黑　河	4680.4	4680.4	9876.0
绥　化	82.0	82.0	1026.2
大兴安岭	897.7	897.7	481.0
农垦总局	14790.4	14790.4	13580.0
绥芬河			
抚　远	310.9	310.9	7980.9

2-B-14 续表 2

(集体企业)　　单位：万元

地　　区	营业收入	#主营业务收入	资产总计
全　　省	**1380.1**	**1359.1**	**1189.7**
哈 尔 滨	161.4	160.4	170.6
齐齐哈尔	626.7	626.7	195.1
鸡　　西	503.0	503.0	304.0
鹤　　岗			
双 鸭 山			
大　　庆	10.0	10.0	10.0
伊　　春			
佳 木 斯	69.0	49.0	490.0
七 台 河			
牡 丹 江			
黑　　河			
绥　　化	10.0	10.0	20.0
大兴安岭			
农垦总局			
绥 芬 河			
抚　　远			

2-B-14 续表 3

(股份合作企业)　　单位：万元

地　　区	营业收入	#主营业务收入	资产总计
全　　省	**1461.5**	**1461.5**	**1121.1**
哈 尔 滨	1413.5	1413.5	1071.1
齐齐哈尔			
鸡　　西			
鹤　　岗			
双 鸭 山			
大　　庆			
伊　　春			
佳 木 斯	48.0	48.0	50.0
七 台 河			
牡 丹 江			
黑　　河			
绥　　化			
大兴安岭			
农垦总局			
绥 芬 河			
抚　　远			

2-B-14　续表 4

(有限责任公司)　　单位：万元

地　区	营业收入	#主营业务收入	资产总计
全　省	**99364.9**	**98760.8**	**136782.6**
哈尔滨	54581.3	54047.7	73199.3
齐齐哈尔	2176.4	2176.4	5449.4
鸡　西	2195.2	2195.2	7741.7
鹤　岗	1715.2	1715.2	835.8
双鸭山	239.6	239.6	5391.0
大　庆	8897.2	8826.7	17898.6
伊　春	1961.5	1961.5	3027.1
佳木斯	3228.9	3228.9	2670.5
七台河			
牡丹江	19527.7	19527.7	10586.2
黑　河	1295.2	1295.2	3837.2
绥　化	3226.2	3226.2	2569.9
大兴安岭	4.3	4.3	3200.0
农垦总局	155.6	155.6	146.0
绥芬河	124.7	124.7	180.0
抚　远	36.0	36.0	50.0

2-B-14　续表 5

(股份有限公司)　　单位：万元

地　区	营业收入	#主营业务收入	资产总计
全　省	**7366.1**	**7348.5**	**5360.8**
哈尔滨	4742.0	4725.4	4016.2
齐齐哈尔	100.0	100.0	600.0
鸡　西			
鹤　岗	303.7	303.7	187.2
双鸭山			
大　庆			
伊　春			
佳木斯	1239.4	1238.4	210.0
七台河			
牡丹江	942.0	942.0	277.4
黑　河	15.0	15.0	20.0
绥　化			
大兴安岭	24.0	24.0	50.0
农垦总局			
绥芬河			
抚　远			

2-B-14 续表 6

(私营企业)

单位：万元

地区	营业收入	#主营业务收入	资产总计
全省	**215937.5**	**213581.5**	**218812.0**
哈尔滨	96377.6	95297.7	80945.2
齐齐哈尔	4570.0	4465.0	8933.5
鸡西	1683.7	1617.4	2218.9
鹤岗	453.7	453.7	384.5
双鸭山	1571.6	1561.1	7612.0
大庆	16178.8	16168.5	26378.9
伊春	5504.7	5489.7	9343.8
佳木斯	5988.0	5597.1	5918.4
七台河	1021.6	1021.6	2104.1
牡丹江	74075.2	73573.0	55284.3
黑河	1607.6	1577.6	2069.8
绥化	1987.8	1860.3	5354.9
大兴安岭	901.9	883.4	4863.0
农垦总局	3311.5	3311.5	7105.5
绥芬河	677.2	677.2	275.2
抚远	26.6	26.6	20.0

2-B-14 续表 7

(其他企业)

单位：万元

地区	营业收入	#主营业务收入	资产总计
全省	**20168.4**	**19916.4**	**22098.3**
哈尔滨	5187.1	5074.0	3452.3
齐齐哈尔	1252.4	1221.4	1034.5
鸡西	749.0	749.0	435.0
鹤岗			
双鸭山	386.0	386.0	602.4
大庆	576.5	576.5	133.0
伊春	530.2	530.2	1218.6
佳木斯	1244.0	1243.0	855.3
七台河	154.0	142.0	157.0
牡丹江	9765.2	9670.3	13190.4
黑河	6.0	6.0	50.0
绥化	310.0	310.0	609.8
大兴安岭	5.0	5.0	10.0
农垦总局	3.0	3.0	350.0
绥芬河			
抚远			

2-B-14　续表 8

(港、澳、台商投资企业)　　单位：万元

地　区	营业收入	#主营业务收入	资产总计
全　省	**43303.5**	**43303.5**	**26370.4**
哈尔滨	40294.4	40294.4	25480.4
齐齐哈尔	100.0	100.0	100.0
鸡　西			
鹤　岗			
双鸭山			
大　庆			
伊　春			
佳木斯	939.7	939.7	590.8
七台河			
牡丹江	1969.4	1969.4	199.2
黑　河			
绥　化			
大兴安岭			
农垦总局			
绥芬河			
抚　远			

2-B-14　续表 9

(外商投资企业)　　单位：万元

地　区	营业收入	#主营业务收入	资产总计
全　省	**38306.9**	**38106.9**	**99953.8**
哈尔滨	34733.0	34533.0	96767.2
齐齐哈尔	210.0	210.0	500.0
鸡　西			
鹤　岗			
双鸭山	3.0	3.0	180.4
大　庆			
伊　春			
佳木斯	2640.9	2640.9	2046.2
七台河			
牡丹江			
黑　河			
绥　化	720.0	720.0	460.0
大兴安岭			
农垦总局			
绥芬河			
抚　远			

第3篇

房地产开发经营业生产经营及财务状况

3-1　各地区按登记注册类型分房地产开发企业个数

单位：个

地　区	总　计	内资企业	国有企业	集体企业	股份合作企业	国有联营企业	集体联营企业	国有与集体联营企业
全　省	**2590**	**2547**	**55**	**1**	**7**			
哈尔滨	1035	1004	34	1	1			
齐齐哈尔	192	191	7					
鸡　西	125	125	3					
鹤　岗	92	92	1		1			
双鸭山	79	78						
大　庆	179	177	2					
伊　春	60	60			1			
佳木斯	103	102	3		1			
七台河	33	33						
牡丹江	265	260	3		1			
黑　河	95	94			2			
绥　化	180	180	1					
大兴安岭	31	31						
农垦总局	55	55	1					
绥芬河	59	58						
抚　远	7	7						

注：本表包含未纳入联网直报的房地产开发企业数据。

3-1　续表 1

单位：个

地　区	其他联营企业	国有独资公司	其他有限责任公司	股份有限公司	私营独资企业	私营合伙企业	私营有限责任公司
全　省		**23**	**1195**	**166**	**48**	**9**	**915**
哈尔滨		8	471	32	15	4	395
齐齐哈尔		2	105	10	3		56
鸡　西		2	48	5			55
鹤　岗			29	6	1	2	43
双鸭山			44	4	6		22
大　庆		3	72	4	4	2	85
伊　春		2	32	3	3		16
佳木斯		1	50	3	3		35
七台河		1	16	2			11
牡丹江		1	111	26	7		90
黑　河		1	40	9	3	1	34
绥　化			123	31	2		21
大兴安岭			18	4			6
农垦总局		2	19	3	1		26
绥芬河			16	23			16
抚　远			2				4

3-1 续表 2

单位：个

地　　区	私营股份有限公司	其他内资企业	港、澳、台商投资企业	合资经营企业(港、澳、台资)	合作经营企业(港、澳、台资)	港、澳、台商独资经营企业	港、澳、台商投资股份有限公司
全　　省	**87**	**41**	**30**	**13**	**1**	**13**	**2**
哈尔滨	26	17	21	12	1	7	
齐齐哈尔	5	3	1	1			
鸡　　西	12						
鹤　　岗	9						
双鸭山	1	1	1			1	
大　　庆	5		1			1	
伊　　春	3						
佳木斯	3	3					
七台河	3						
牡丹江	7	14	5			4	1
黑　　河	4		1				1
绥　　化	2						
大兴安岭	2	1					
农垦总局	2	1					
绥芬河	2	1					
抚　　远	1						

3-1 续表 3

单位：个

地　　区	其他港、澳、台投资企业	外商投资企业	中外合资经营企业	中外合作经营企业	独资企业	外商投资股份有限公司	其他外商投资企业
全　　省	**1**	**13**	**6**	**1**	**6**		
哈尔滨	1	10	5	1	4		
齐齐哈尔							
鸡　　西							
鹤　　岗							
双鸭山							
大　　庆		1			1		
伊　　春							
佳木斯		1	1				
七台河							
牡丹江							
黑　　河							
绥　　化							
大兴安岭							
农垦总局							
绥芬河		1			1		
抚　　远							

3−2　各地区按资质等级分房地产开发企业个数

单位：个

地　区	总　计	一　级	二　级	三　级	四　级	暂　定	其　他
全　省	**2590**	**25**	**364**	**1277**	**208**	**452**	**264**
哈尔滨	1035	12	194	528	24	157	120
齐齐哈尔	192		20	97	29	34	12
鸡　西	125		7	62	24	30	2
鹤　岗	92		16	55	5	4	12
双鸭山	79	1	11	32	8	23	4
大　庆	179	5	27	74	12	52	9
伊　春	60		8	39	3	2	8
佳木斯	103		9	50	6	20	18
七台河	33		8	23		2	
牡丹江	265	2	24	111	25	62	41
黑　河	95	4	12	53	12	6	8
绥　化	180	1	17	103	22	33	4
大兴安岭	31		1	14	6	5	5
农垦总局	55		4	13	19	8	11
绥芬河	59		6	23	8	14	8
抚　远	7				5		2

注：本表包含未纳入联网直报的房地产开发企业数据。

3−3　各地区按登记注册类型分房地产开发企业年末从业人数

单位：人

地　区	总　计	内资企业	国有企业	集体企业	股份合作企　业	国有联营企　业	集体联营企　业	国有与集体联营企业
全　省	**54718**	**53768**	**1435**	**5**	**132**			
哈尔滨	21699	21130	841	5	20			
齐齐哈尔	3590	3532	143					
鸡　西	1549	1549	54					
鹤　岗	1745	1745	65		10			
双鸭山	1682	1612						
大　庆	4992	4927	70					
伊　春	1407	1407			14			
佳木斯	2405	2384	133		65			
七台河	627	627						
牡丹江	5887	5780	91		3			
黑　河	2356	2326			20			
绥　化	4101	4101	25					
大兴安岭	285	285						
农垦总局	1319	1319	13					
绥芬河	930	900						
抚　远	144	144						

注：本表包含未纳入联网直报的房地产开发企业数据。

3-3 续表 1

单位：人

地区	其他联营企业	国有独资公司	其他有限责任公司	股份有限公司	私营独资企业	私营合伙企业	私营有限责任公司
全省		**1564**	**26033**	**3777**	**1146**	**74**	**16756**
哈尔滨		447	10164	704	743	31	7032
齐齐哈尔		68	1863	306	28		1014
鸡西		38	549	53			658
鹤岗			703	76	20	32	708
双鸭山			952	150	81		387
大庆		866	1693	369	39	10	1766
伊春		34	871	42	57		364
佳木斯		9	1114	41	21		868
七台河		26	222	38			274
牡丹江		12	2680	813	89		1541
黑河		10	1342	136	40	1	541
绥化			2826	622	23		591
大兴安岭			165	20			82
农垦总局		54	573	24	5		633
绥芬河			296	383			196
抚远			20				101

3-3 续表 2

单位：人

地区	私营股份有限公司	其他内资企业	港、澳、台商投资企业	合资经营企业(港、澳、台资)	合作经营企业(港、澳、台资)	港、澳、台商独资经营企业	港、澳、台商投资股份有限公司
全省	**1653**	**1193**	**693**	**288**	**37**	**336**	**32**
哈尔滨	488	655	416	230	37	149	
齐齐哈尔	79	31	58	58			
鸡西	197						
鹤岗	131						
双鸭山	28	14	70			70	
大庆	114		12			12	
伊春	25						
佳木斯	64	69					
七台河	67						
牡丹江	141	410	107			105	2
黑河	236		30				30
绥化	14						
大兴安岭	13	5					
农垦总局	13	4					
绥芬河	20	5					
抚远	23						

3-3　续表 3

单位：人

地　区	其他港、澳、台投资企业	外商投资企业	中外合资经营企业	中外合作经营企业	独资企业	外商投资股份有限公司	其他外商投资企业
全　省		**257**	**72**	**7**	**178**		
哈尔滨		153	51	7	95		
齐齐哈尔							
鸡　西							
鹤　岗							
双鸭山							
大　庆		53			53		
伊　春							
佳木斯		21	21				
七台河							
牡丹江							
黑　河							
绥　化							
大兴安岭							
农垦总局							
绥芬河		30			30		
抚　远							

3-4　各地区按资质等级分房地产开发企业年末从业人数

单位：人

地　区	总　计	一　级	二　级	三　级	四　级	暂　定	其　他
全　省	**54718**	**1857**	**12206**	**22968**	**3454**	**8263**	**5970**
哈尔滨	21699	1001	5578	8755	379	3075	2911
齐齐哈尔	3590		531	1824	308	680	247
鸡　西	1549		194	712	246	377	20
鹤　岗	1745		461	1016	63	44	161
双鸭山	1682	22	343	647	85	516	69
大　庆	4992	719	1797	1516	177	594	189
伊　春	1407		245	886	34	44	198
佳木斯	2405		416	1043	160	539	247
七台河	627		169	426		32	
牡丹江	5887	37	1219	1895	291	1249	1196
黑　河	2356	63	175	1437	207	70	404
绥　化	4101	15	663	2185	604	577	57
大兴安岭	285		4	98	45	75	63
农垦总局	1319		205	210	616	177	111
绥芬河	930		206	318	117	214	75
抚　远	144				122		22

注：本表包含未纳入联网直报的房地产开发企业数据。

3–5 各地区按登记注册类型分房地产开发企业资产总计

单位：万元

地区	总计	内资企业						
			国有企业	集体企业	股份合作企业	国有联营企业	集体联营企业	国有与集体联营企业
全省	**88600698**	**86459972**	**1430121**	**5957**	**17021**			
哈尔滨	61481098	59897963	1280548	5957	1500			
齐齐哈尔	3558721	3436964	51320					
鸡西	1141900	1141900	27548					
鹤岗	667442	667443	18375		2000			
双鸭山	904760	880445						
大庆	11700138	11566172	4021					
伊春	456105	456105			2628			
佳木斯	1673370	1647517	9479		6007			
七台河	481772	481772						
牡丹江	3224405	3062153	26271		964			
黑河	620943	615748			3922			
绥化	1090414	1090414	569					
大兴安岭	56959	56959						
农垦总局	747261	747261	11991					
绥芬河	786514	702262						
抚远	8895	8895						

注：本表包含未纳入联网直报的房地产开发企业数据。

3–5 续表 1

单位：万元

地区	其他联营企业	国有独资公司	其他有限责任公司	股份有限公司	私营独资企业	私营合伙企业	私营有限责任公司
全省		**27831588**	**33161147**	**2888536**	**131052**	**42361**	**19656457**
哈尔滨		22330386	22338467	1267439	23254	3150	12179806
齐齐哈尔		39912	2213136	167287	17640		831090
鸡西		85669	337118	29388			539172
鹤岗			222912	39329	3640	18961	298238
双鸭山			451713	105313	11364		299506
大庆		4997496	2873919	379842	36250	250	3183498
伊春		1260	302164	23459	11463		81046
佳木斯		89619	531498	13452	5560		863353
七台河		35714	254029	22273			149995
牡丹江		2799	1817296	204582	14371		850724
黑河		91011	252023	64367	3600	20000	106948
绥化			742818	240262	3807		97519
大兴安岭			32663	4356			15838
农垦总局		157723	476658	5034	102		90990
绥芬河			313280	322153			62829
抚远			1453				5906

3-5　续表 2　　　　单位：万元

地　　区	私营股份有限公司	其他内资企　　业	港、澳、台商投资企　　业	合资经营企业(港、澳、台资)	合作经营企业(港、澳、台资)	港、澳、台商独资经营企业	港、澳、台商投资股份有限公司
全　　省	**1148324**	**147411**	**1210010**	**818206**	**540**	**354564**	**34963**
哈 尔 滨	378196	89261	884514	696448	540	185789	
齐齐哈尔	111272	5306	121757	121757			
鸡　　西	123006						
鹤　　岗	63988						
双 鸭 山	12521	29	24315			24315	
大　　庆	90897		11976			11976	
伊　　春	34085						
佳 木 斯	94479	34070					
七 台 河	19762						
牡 丹 江	129553	15593	162253			132484	29768
黑　　河	73877		5195				5195
绥　　化	5441						
大兴安岭	3103	1000					
农垦总局	4613	150					
绥 芬 河	2000	2000					
抚　　远	1536						

3-5　续表 3　　　　单位：万元

地　　区	其他港、澳、台投资企业	外商投资企　　业	中外合资经营企业	中外合作经营企业	独资企业	外商投资股份有限公　　司	其他外商投资企业
全　　省	**1737**	**930716**	**367099**	**12426**	**551191**		
哈 尔 滨	1737	698620	341246	12426	344948		
齐齐哈尔							
鸡　　西							
鹤　　岗							
双 鸭 山							
大　　庆		121991			121991		
伊　　春							
佳 木 斯		25853	25853				
七 台 河							
牡 丹 江							
黑　　河							
绥　　化							
大兴安岭							
农垦总局							
绥 芬 河		84252			84252		
抚　　远							

3-6 各地区按资质等级分房地产开发企业资产总计

单位：万元

地区	总计	一级	二级	三级	四级	暂定	其他
全省	**88600698**	**4439078**	**26594724**	**43565083**	**749159**	**10459974**	**2792680**
哈尔滨	61481098	2475290	17074450	34013995	89333	6530702	1297328
齐齐哈尔	3558721		572582	1513089	92915	488223	891912
鸡西	1141900		267789	585085	101424	183016	4587
鹤岗	667442		306205	341620	2644	11265	5708
双鸭山	904760	8285	188609	361336	17005	327525	2002
大庆	11700138	1770462	6005371	2397922	65160	1333378	127844
伊春	456105		80867	250934	9944	6528	107832
佳木斯	1673370		459880	654193	28200	388443	142655
七台河	481772		198751	255375		27647	
牡丹江	3224405	106772	822839	1418225	129508	615644	131418
黑河	620943	61913	72392	427498	13822	29420	15898
绥化	1090414	16357	135417	716671	71909	134199	15861
大兴安岭	56959		3589	25166	8896	14823	4485
农垦总局	747261		221294	167466	63593	262911	31997
绥芬河	786514		184691	436508	48767	106251	10298
抚远	8895				6039		2856

注：本表包含未纳入联网直报的房地产开发企业数据。

3-7 各地区按用途分房地产开发企业房屋施工面积

单位：平方米

地区	房屋施工面积	住宅	#别墅、高档公寓	办公楼	商业营业用房	其他
全省	**135673668**	**102413971**	**1096115**	**1993260**	**18778597**	**12487840**
哈尔滨	58328415	42479583	539328	1529906	8139216	6179710
齐齐哈尔	11593662	9156198	30666	51605	1336890	1048969
鸡西	4691761	3788807		49480	455587	397887
鹤岗	2191431	1935953	4000	2882	108664	143932
双鸭山	3025273	2322996	46227	6994	486367	208916
大庆	18307312	14572377	269565	47694	2027114	1660127
伊春	1255461	1173460		2500	54239	25262
佳木斯	7212830	5615681		116988	1071890	408271
七台河	1466785	1126906		31731	249199	58949
牡丹江	13911294	10919523	141530	70672	1635126	1285973
黑河	2458269	1691708		3725	626109	136727
绥化	6923525	4923723	44875	8091	1664124	327587
大兴安岭	650414	425249	1616	8722	177139	39304
农垦总局	1305306	726883	6283	53350	339239	185834
绥芬河	2258614	1497530	1571	2300	389682	369102
抚远	93316	57394	10454	6620	18012	11290

3-8　各地区按资质等级分房地产开发企业房屋施工面积

单位：平方米

地　区	总　计	一　级	二　级	三　级	四　级	暂　定	其　他
全　省	**135673668**	**9221385**	**35754813**	**59779584**	**3975401**	**22138195**	**4804290**
哈尔滨	58328415	3299555	20262882	25031646	227689	8904696	601947
齐齐哈尔	11593662		1258444	5259454	534859	2137381	2403524
鸡　西	4691761		1031798	2078295	747836	833832	
鹤　岗	2191431		508453	1540794	112009	30175	
双鸭山	3025273		432693	1218914	109037	1264629	
大　庆	18307312	5490009	5596983	4399258	21163	2553104	246795
伊　春	1255461		227718	749847	7547		270349
佳木斯	7212830		807077	3728896	229864	1233971	1213022
七台河	1466785		442559	962893		61333	
牡丹江	13911294	403890	3293895	6497893	804908	2842055	68653
黑　河	2458269	27931	430263	1660504	176828	162743	
绥　化	6923525		935829	4506223	657759	823714	
大兴安岭	650414			446316	54819	149279	
农垦总局	1305306		75284	471410	67767	690845	
绥芬河	2258614		450935	1227241	130000	450438	
抚　远	93316				93316		

3-9　各地区按用途分房地产开发企业房屋新开工面积

单位：平方米

地　区	房屋新开工面　积	住宅		办公楼	商业营业用　房	其他
			#别墅、高档公　寓			
全　省	**40304430**	**29204846**	**210517**	**347159**	**7339332**	**3413093**
哈尔滨	14928987	10396195	115110	146462	3055866	1330464
齐齐哈尔	5516167	4345578	10271	33776	670441	466372
鸡　西	1280941	997193		19896	163677	100175
鹤　岗	768427	666791			5946	95690
双鸭山	1185254	920246			148311	116697
大　庆	4337681	3307008	63443	32892	697019	300762
伊　春	554270	509962		2500	24398	17410
佳木斯	2462530	1830697			545072	86761
七台河	653668	478074		10017	162638	2939
牡丹江	3092422	2420034	2500	54170	323027	295191
黑　河	854616	525385		1325	269060	58846
绥　化	2925896	1948782	12910	7491	798392	171231
大兴安岭	196999	109715		8722	67895	10667
农垦总局	651687	198469	6283	29608	299169	124441
绥芬河	894885	550717		300	108421	235447
抚　远						

3-10 各地区按资质等级分房地产开发企业房屋新开工面积

单位：平方米

地 区	总 计	一 级	二 级	三 级	四 级	暂 定	其 他
全 省	**40304430**	**1084170**	**7163822**	**18863669**	**1480272**	**9590981**	**2121516**
哈尔滨	14928987	358546	3468770	6571161	227689	3969680	333141
齐齐哈尔	5516167		619367	2590284	216979	1104842	984695
鸡 西	1280941		238481	528695	146314	367451	
鹤 岗	768427		61817	678094	28516		
双鸭山	1185254		85984	705110	84437	309723	
大 庆	4337681	636262	1312208	1376817	21163	920303	70928
伊 春	554270		187718	359005	7547		
佳木斯	2462530		16306	740268	229864	743340	732752
七台河	653668		104884	548784			
牡丹江	3092422	70610	65873	1738520	190190	1027229	
黑 河	854616	18752	170771	535700	45850	83543	
绥 化	2925896		462034	1861287	179083	423492	
大兴安岭	196999			102836	20448	73715	
农垦总局	651687		75284		34192	542211	
绥芬河	894885		294325	527108	48000	25452	
抚 远							

3-11 各地区按用途分房地产开发企业房屋竣工面积

单位：平方米

地 区	房屋竣工面积	住宅	#别墅、高档公寓	办公楼	商业营业用房	其他
全 省	**29327010**	**23444092**	**141351**	**320683**	**3398376**	**2163859**
哈尔滨	10562843	8450549	92251	240589	844482	1027223
齐齐哈尔	4899537	4037658	4395	24033	570772	267074
鸡 西	356050	291729			32101	32220
鹤 岗	496314	415348		1260	11503	68203
双鸭山	578005	465391		1900	94649	16065
大 庆	3139691	2458686	18722	30290	379113	271602
伊 春	388231	356765		2500	28966	
佳木斯	2281930	2001636			209478	70816
七台河	336815	303706			15740	17369
牡丹江	1524883	1169756	25983	3000	219186	132941
黑 河	1263335	900322		2400	278171	82442
绥 化	3045218	2288823		8091	605393	142911
大兴安岭	68218	31961			30904	5353
农垦总局	78816	50860			16916	11040
绥芬河	265342	200910			49432	15000
抚 远	41782	19992		6620	11570	3600

3-12　各地区按资质等级分房地产开发企业房屋竣工面积

单位：平方米

地　区	总　计	一　级	二　级	三　级	四　级	暂　定	其　他
全　省	**29327010**	**1242668**	**8904598**	**13297796**	**1110212**	**2829283**	**1942453**
哈尔滨	10562843	1150412	5064222	3634054	12780	504165	197210
齐齐哈尔	4899537		318327	2643771	234605	578463	1124371
鸡　西	356050			311125	44925		
鹤　岗	496314		183391	296478	15245	1200	
双鸭山	578005		179173	51525	48139	299168	
大　庆	3139691	83077	1423375	1331423	14654	287162	
伊　春	388231			189484	7547		191200
佳木斯	2281930		139802	1262445	171437	311977	396269
七台河	336815		219468	79955		37392	
牡丹江	1524883		789000	381248	61796	259436	33403
黑　河	1263335	9179	73683	878719	139011	162743	
绥　化	3045218		477748	2101253	257884	208333	
大兴安岭	68218			42654		25564	
农垦总局	78816		36409		42407		
绥芬河	265342			93662	18000	153680	
抚　远	41782				41782		

3-13　各地区按用途分房地产开发企业房屋竣工价值

单位：万元

地　区	房屋竣工价值	住宅	#别墅、高档公寓	办公楼	商业营业用房	其他
全　省	**6423877**	**5063098**	**49678**	**125995**	**745347**	**489437**
哈尔滨	2975825	2342017	39058	109621	240406	283781
齐齐哈尔	875321	720850	1253	5349	105927	43195
鸡　西	49107	40029			5441	3637
鹤　岗	75868	67682		104	1942	6140
双鸭山	115778	88590		250	23480	3458
大　庆	721206	567110	2453	6833	82062	65201
伊　春	53762	48693		375	4694	
佳木斯	373989	327346			35402	11241
七台河	70814	63652			3552	3610
牡丹江	312666	235798	6914	375	49105	27388
黑　河	266114	181627		288	66301	17898
绥　化	450274	326820		1712	103712	18030
大兴安岭	15932	5985			8954	993
农垦总局	12112	8613			2292	1207
绥芬河	49159	35575			10386	3198
抚　远	5950	2711		1088	1691	460

3-14　各地区按资质等级分房地产开发企业房屋竣工价值

单位：万元

地　区	总　计	一　级	二　级	三　级	四　级	暂　定	其　他
全　省	**6423877**	**485236**	**2291524**	**2579611**	**154384**	**525517**	**387605**
哈尔滨	2975825	452574	1382015	972902	2556	113193	52585
齐齐哈尔	875321		54018	448115	33112	101508	238568
鸡　西	49107			41657	7450		
鹤　岗	75868		35771	38672	1140	285	
双鸭山	115778		52060	9687	7598	46433	
大　庆	721206	30000	406415	229122	4300	51369	
伊　春	53762			23552	910		29300
佳木斯	373989		38877	207353	17019	46888	63852
七台河	70814		41946	19153		9715	
牡丹江	312666		193600	58563	9540	47663	3300
黑　河	266114	2662	13422	185972	22184	41874	
绥　化	450274		66670	316642	32023	34939	
大兴安岭	15932			8263		7669	
农垦总局	12112		6730		5382		
绥芬河	49159			19958	5220	23981	
抚　远	5950				5950		

3-15　各地区房地产开发企业建造的房屋面积和造价

地　区	房屋施工面积(平方米)	房屋竣工面积(平方米)	房屋建筑面积竣工率(%)	房屋竣工价值(万元)	房屋竣工造价(元/平方米)
全　省	**135673668**	**29327010**	**22**	**6423877**	**2190**
哈尔滨	58328415	10562843	18	2975825	2817
齐齐哈尔	11593662	4899537	42	875321	1787
鸡　西	4691761	356050	8	49107	1379
鹤　岗	2191431	496314	23	75868	1529
双鸭山	3025273	578005	19	115778	2003
大　庆	18307312	3139691	17	721206	2297
伊　春	1255461	388231	31	53762	1385
佳木斯	7212830	2281930	32	373989	1639
七台河	1466785	336815	23	70814	2102
牡丹江	13911294	1524883	11	312666	2050
黑　河	2458269	1263335	51	266114	2106
绥　化	6923525	3045218	44	450274	1479
大兴安岭	650414	68218	11	15932	2335
农垦总局	1305306	78816	6	12112	1537
绥芬河	2258614	265342	12	49159	1853
抚　远	93316	41782	45	5950	1424

3-16　各地区按用途分房地产开发企业商品房销售面积

单位：平方米

地　区	商品房销售面积	住宅	#别墅、高档公寓	办公楼	商业营业用房	其他
全　省	**33399501**	**29442296**	**158394**	**248432**	**2562090**	**1146683**
哈尔滨	13479692	12066068	51384	195711	817119	400794
齐齐哈尔	2905389	2428435	1100	3256	275245	198453
鸡　西	639767	601302			23231	15234
鹤　岗	177437	167897			3062	6478
双鸭山	392665	342297	1775	1900	42774	5694
大　庆	5941090	5410167	72330	21410	394248	115265
伊　春	492404	452296		2500	18674	18934
佳木斯	1869314	1695197			143348	30769
七台河	298314	284481	3605		9041	4792
牡丹江	2862090	2531001	11582	13559	182715	134815
黑　河	1221256	1010423		3491	146311	61031
绥　化	2595585	2013246	14698	1351	450941	130047
大兴安岭	59880	54475			5367	38
农垦总局	279278	240154	1920	5254	28286	5584
绥芬河	182503	142144			21604	18755
抚　远	2837	2713			124	

3-17　各地区按资质等级分房地产开发企业商品房销售面积

单位：平方米

地　区	总　计	一　级	二　级	三　级	四　级	暂　定	其　他
全　省	**33399501**	**3823421**	**9059427**	**13710503**	**1399583**	**4739820**	**660750**
哈尔滨	13479692	705931	5749596	4684701	290055	1843109	206300
齐齐哈尔	2905389		299812	1581360	263719	745316	15182
鸡　西	639767		107187	333627	128887	70066	
鹤　岗	177437		59979	104675	12783		
双鸭山	392665		52391	110475	47250	176552	
大　庆	5941090	3069099	1074168	1241434	31805	524584	
伊　春	492404		81173	292408	192		118631
佳木斯	1869314		159138	947511	177537	299252	285876
七台河	298314		200879	80354		17081	
牡丹江	2862090	32960	657552	1386461	114764	635592	34761
黑　河	1221256	15431	85227	899546	121052	100000	
绥　化	2595585		371332	1857565	181248	185440	
大兴安岭	59880			54890	1225	3765	
农垦总局	279278		111363	45534	15029	107352	
绥芬河	182503		49630	89962	11200	31711	
抚　远	2837				2837		

3-18　各地区按用途分房地产开发企业商品房期房销售面积

单位：平方米

地　　区	商品房期房销售面积	住宅	#别墅、高档公寓	办公楼	商业营业用房	其他
全　　省	**21868729**	**19475269**	**83480**	**168436**	**1516213**	**708811**
哈 尔 滨	7369652	6650826	19549	142771	390472	185583
齐齐哈尔	2137670	1802695	1100	978	172219	161778
鸡　　西	383005	374339			6137	2529
鹤　　岗	82938	81344				1594
双 鸭 山	172081	159550	1775	1900	6032	4599
大　　庆	4744143	4449481	38009	16083	221246	57333
伊　　春	276606	254502			3170	18934
佳 木 斯	722721	652757			59377	10587
七 台 河	181578	173230			6757	1591
牡 丹 江	2151593	1957822	6429	4262	103966	85543
黑　　河	930945	775804		1091	110778	43272
绥　　化	2352677	1810361	14698	1351	412316	128649
大兴安岭	18639	18311			328	
农垦总局	238348	215505	1920		20731	2112
绥 芬 河	105685	98294			2684	4707
抚　　远	448	448				

3-19　各地区按用途分房地产开发企业房屋出租面积

单位：平方米

地　　区	房屋出租面积	住宅	#别墅、高档公寓	办公楼	商业营业用房	其他
全　　省	**98107**				**91695**	**6412**
哈 尔 滨	94207				91573	2634
齐齐哈尔						
鸡　　西						
鹤　　岗						
双 鸭 山						
大　　庆	3778					3778
伊　　春						
佳 木 斯						
七 台 河						
牡 丹 江						
黑　　河						
绥　　化	122				122	
大兴安岭						
农垦总局						
绥 芬 河						
抚　　远						

3-20　各地区按用途分房地产开发企业商品房销售额

单位：万元

地　区	商品房销售额	住宅	#别墅、高档公寓	办公楼	商业营业用房	其他
全　省	**15823382**	**13059034**	**104195**	**176126**	**1968866**	**619356**
哈尔滨	8339680	7102205	45346	154513	809126	273836
齐齐哈尔	1137692	877851	739	1568	168689	89584
鸡　西	212379	195358			11882	5139
鹤　岗	59747	54603			2841	2303
双鸭山	102868	80980	781	551	18540	2797
大　庆	2514722	2072459	39314	10216	376265	55782
伊　春	135534	119061		1000	7446	8027
佳木斯	607361	514269			83206	9886
七台河	105949	98976	1463		4650	2323
牡丹江	1084687	887609	4343	5417	124319	67342
黑　河	347162	250566		840	71590	24166
绥　化	929484	619517	11678	340	242080	67547
大兴安岭	16166	13259			2889	18
农垦总局	164300	126304	531	1681	34095	2220
绥芬河	65130	45545			11199	8386
抚　远	521	472			49	

3-21　各地区按资质等级分房地产开发企业商品房销售额

单位：万元

地　区	总　计	一　级	二　级	三　级	四　级	暂　定	其　他
全　省	**15823382**	**1645488**	**5149478**	**5974909**	**425043**	**2402099**	**226365**
哈尔滨	8339680	619541	3577383	2779833	113212	1169772	79939
齐齐哈尔	1137692		162781	578365	82742	308707	5097
鸡　西	212379		43522	110639	35649	22569	
鹤　岗	59747		23210	33539	2998		
双鸭山	102868		19468	30760	11207	41433	
大　庆	2514722	1008108	599143	515683	8585	383203	
伊　春	135534		24806	66371	42		44315
佳木斯	607361		69963	315118	38317	94669	89294
七台河	105949		78101	23317		4531	
牡丹江	1084687	11284	294282	510364	34825	226212	7720
黑　河	347162	6555	26252	258588	32754	23013	
绥　化	929484		134702	682010	54750	58022	
大兴安岭	16166			14309	277	1580	
农垦总局	164300		80518	20993	4639	58150	
绥芬河	65130		15347	35020	4525	10238	
抚　远	521				521		

3−22　各地区房地产开发企业商品房待售情况

单位：平方米

地　区	商品房待售面积	#待售1-3年面积	#待售3年以上面积
全　省	**17773744**	**11102257**	**603975**
哈尔滨	9193488	6748478	393839
齐齐哈尔	1524329	571249	48485
鸡　西	381463	270402	16700
鹤　岗	475191	360578	35632
双鸭山	896905	713701	35050
大　庆	2145249	1364687	33848
伊　春	97101	85920	1265
佳木斯	783815	158938	
七台河	376566	168794	19947
牡丹江	1034944	258579	13047
黑　河	186483	119314	
绥　化	81067	7874	2612
大兴安岭	108680	26757	3550
农垦总局	158431	103238	
绥芬河	259935	92102	
抚　远	70097	51646	

3−23　各地区按用途分房地产开发企业商品房待售面积

单位：平方米

地　区	商品房待售面积	住宅	#别墅、高档公寓	办公楼	商业营业用房	其他
全　省	**17773744**	**12632637**	**116299**	**148661**	**3383273**	**1609173**
哈尔滨	9193488	6800641	78600	52991	1492796	847060
齐齐哈尔	1524329	944523		18070	459065	102671
鸡　西	381463	269220		6300	66138	39805
鹤　岗	475191	370825			76928	27438
双鸭山	896905	710343			158644	27918
大　庆	2145249	1317780	23479	58404	436747	332318
伊　春	97101	84635			12466	
佳木斯	783815	634456			137498	11861
七台河	376566	267597	1603		60041	48928
牡丹江	1034944	716438	12617	12896	205605	100005
黑　河	186483	100468			63854	22161
绥　化	81067	46184			31865	3018
大兴安岭	108680	59475			34541	14664
农垦总局	158431	122512			25734	10185
绥芬河	259935	133228			105966	20741
抚　远	70097	54312			15385	400

3-24　各地区房地产开发企业土地开发及其购置情况

地　区	待开发土地面积（平方米）	本年土地购置面积（平方米）	本年土地成交价款（万元）
全　省	**3167866**	**6556746**	**882284**
哈尔滨	1714818	2634028	487370
齐齐哈尔	211195	832730	129412
鸡　西	74685	36064	3022
鹤　岗	100000	60545	6517
双鸭山	115851	304946	23580
大　庆	16690	552462	55842
伊　春		14700	1425
佳木斯	72522	836529	73915
七台河	135088	176561	17803
牡丹江	237918	689649	41698
黑　河	401654	74533	7981
绥　化		56832	5541
大兴安岭		15294	4400
农垦总局	87445	27890	1600
绥芬河		243983	22178
抚　远			

3-25　各地区按登记注册类型分房地产开发企业负债合计

单位：万元

地　区	总　计	内资企业	国有企业	集体企业	股份合作企　业	国有联营企　业	集体联营企　业	国有与集体联营企业
全　省	**52977130**	**51443886**	**486147**	**4410**	**1276**			
哈尔滨	35405177	34273056	393499	4410				
齐齐哈尔	2354909	2238181	28607					
鸡　西	727631	727631	23964					
鹤　岗	417827	417827	14562					
双鸭山	617066	593454						
大　庆	7744214	7675757	529					
伊　春	255376	255376			253			
佳木斯	1111529	1107927	4467					
七台河	343044	343044						
牡丹江	2206657	2075746	12595					
黑　河	262330	262330			1023			
绥　化	584028	584028	69					
大兴安岭	26670	26670						
农垦总局	420118	420118	7857					
绥芬河	496716	438903						
抚　远	3839	3839						

3–25 续表 1　　　　单位：万元

地　区	其他联营企　业	国有独资公　司	其他有限责任公司	股份有限公　司	私营独资企　业	私营合伙企　业	私营有限责任公司
全　省		**9105125**	**23561932**	**2180784**	**20339**	**16949**	**15155481**
哈尔滨		6331278	16138737	1019766			10085643
齐齐哈尔		28484	1324017	130983	12007		603294
鸡　西		26329	231829	21757			334945
鹤　岗			169708	35895	1328	16949	138338
双鸭山			295602	102369			187249
大　庆		2524650	2367493	342975			2378613
伊　春		111	168120	1251	7004		50101
佳木斯		13517	362708	9251			607186
七台河		26431	180614	13072			108445
牡丹江		799	1302209	105980			541718
黑　河		18816	116699	46162			46958
绥　化			417170	120870			45769
大兴安岭			15891	2443			7782
农垦总局		134709	268453	276			7112
绥芬河			202597	227734			8572
抚　远			83				3756

3–25 续表 2　　　　单位：万元

地　区	私营股份有限公司	其他内资企　业	港、澳、台商投资企　业	合资经营企业(港、澳、台资)	合作经营企业(港、澳、台资)	港、澳、台商独资经营企业	港、澳、台商投资股份有限公司
全　省	**876057**	**35386**	**845050**	**526597**		**293680**	**23651**
哈尔滨	285686	14037	564586	409869		153595	
齐齐哈尔	110790		116728	116728			
鸡　西	88808						
鹤　岗	41046						
双鸭山	8234		23612			23612	
大　庆	61496		9214			9214	
伊　春	28536						
佳木斯	89450	21349					
七台河	14481						
牡丹江	112446		130910			107259	23651
黑　河	32671						
绥　化	150						
大兴安岭	554						
农垦总局	1711						
绥芬河							
抚　远							

3-25　续表 3

单位：万元

地　区	其他港、澳、台投资企业	外商投资企　业	中外合资经营企业	中外合作经营企业	独资企业	外商投资股份有限公　司	其他外商投资企业
全　省	**1122**	**688194**	**297156**	**447**	**390592**		
哈尔滨	1122	567535	293554	447	273535		
齐齐哈尔							
鸡　西							
鹤　岗							
双鸭山							
大　庆		59243			59243		
伊　春							
佳木斯		3602	3602				
七台河							
牡丹江							
黑　河							
绥　化							
大兴安岭							
农垦总局							
绥芬河		57813			57813		
抚　远							

3-26　各地区房地产开发企业主营业务收入及其构成

单位：万元

地　区	主营业务收入总计	土地转让收　入	商品房销售收入	房屋出租收　入	其他收入
全　省	**9827550**	**25634**	**9537763**	**81502**	**182651**
哈尔滨	4814215	3007	4602304	58545	150358
齐齐哈尔	659390	2678	652208	4143	360
鸡　西	113467	30	112790	256	392
鹤　岗	99119	677	91515	227	6700
双鸭山	127015	304	126035	201	475
大　庆	1621736	20	1613291	1638	6787
伊　春	163934		163652	280	3
佳木斯	551028	40	540084	10750	154
七台河	74727	500	71355	260	2612
牡丹江	598152	362	588131	1041	8618
黑　河	212133	2	211924	9	198
绥　化	527986	17815	502679	2496	4996
大兴安岭	7914	200	7612	74	28
农垦总局	136834		136776	32	26
绥芬河	117293		114797	1550	945
抚　远	2609		2609		

3-27 各地区按登记注册类型分房地产开发企业主营业务收入

单位：万元

地区	总计	内资企业	国有企业	集体企业	股份合作企业	国有联营企业	集体联营企业	国有与集体联营企业
全省	**9827550**	**9325018**	**85335**		**185**			
哈尔滨	4814215	4545650	26524					
齐齐哈尔	659390	656719	10661					
鸡西	113467	113467	702					
鹤岗	99119	99119	215					
双鸭山	127015	124355						
大庆	1621736	1467714	1826					
伊春	163934	163934			185			
佳木斯	551028	512889	41337					
七台河	74727	74727						
牡丹江	598152	563765	2135					
黑河	212133	212127						
绥化	527986	527986	1356					
大兴安岭	7914	7914						
农垦总局	136834	136834	579					
绥芬河	117293	115209						
抚远	2609	2609						

3-27 续表 1

单位：万元

地区	其他联营企业	国有独资公司	其他有限责任公司	股份有限公司	私营独资企业	私营合伙企业	私营有限责任公司
全省		**889890**	**4861068**	**573293**	**2199**	**288**	**2820562**
哈尔滨		253084	2549070	169262			1530523
齐齐哈尔		3213	277043	52808	713		310935
鸡西		3625	73715	3840			28153
鹤岗			21196	5089	1325	288	49347
双鸭山			99086	5202			19595
大庆		615111	471729	15580			363214
伊春		2113	113830	40	162		47122
佳木斯		7466	260809	3876			158118
七台河		2359	37903	7939			25353
牡丹江			351269	50528			159833
黑河			117502	35739			56192
绥化			328682	141659			55789
大兴安岭			6032	277			1592
农垦总局		2920	127079	26			4662
绥芬河			25118	81428			8663
抚远			1005				1472

3-27　续表 2　　　　　　　　　　　　　　　　　　　　单位：万元

地　区	私营股份有限公司	其他内资企　业	港、澳、台商投资企　业	合资经营企业(港、澳、台资)	合作经营企业(港、澳、台资)	港、澳、台商独资经营企业	港、澳、台商投资股份有限公司
全　省	**92199**		**192606**	**153904**		**38572**	**131**
哈尔滨	17187		152883	151233		1650	
齐齐哈尔	1347		2671	2671			
鸡　西	3431						
鹤　岗	21659						
双鸭山	473		2660			2660	
大　庆	255						
伊　春	483						
佳木斯	41283						
七台河	1174						
牡丹江			34387			34262	125
黑　河	2694		6				6
绥　化	500						
大兴安岭	14						
农垦总局	1568						
绥芬河							
抚　远	132						

3-27　续表 3　　　　　　　　　　　　　　　　　　　　单位：万元

地　区	其他港、澳、台投资企业	外商投资企　业	中外合资经营企业	中外合作经营企业	独资企业	外商投资股份有限公　司	其他外商投资企业
全　省		**309926**	**82901**	**5362**	**221663**		
哈尔滨		115682	44762	5362	65557		
齐齐哈尔							
鸡　西							
鹤　岗							
双鸭山							
大　庆		154022			154022		
伊　春							
佳木斯		38138	38138				
七台河							
牡丹江							
黑　河							
绥　化							
大兴安岭							
农垦总局							
绥芬河		2084			2084		
抚　远							

3–28 各地区按登记注册类型分房地产开发企业利润总额

单位：万元

地 区	总 计	内资企业	国有企业	集体企业	股份合作企业	国有联营企业	集体联营企业	国有与集体联营企业
全 省	**592420**	**495184**	**1372**	**-11**	**-6**			
哈尔滨	304428	252884	-3644	-11				
齐齐哈尔	65539	65538	1308					
鸡 西	-12646	-12646	-99					
鹤 岗	19107	19107	-295					
双鸭山	-794	-1512						
大 庆	21690	-23819	57					
伊 春	14078	14078						
佳木斯	50032	45398	4456					
七台河	4223	4223						
牡丹江	40727	44101	-606					
黑 河	18933	18933			-6			
绥 化	29548	29548	46					
大兴安岭	-1885	-1885						
农垦总局	32512	32512	149					
绥芬河	7210	9006						
抚 远	-281	-281						

3–28 续表 1

单位：万元

地 区	其他联营企业	国有独资公司	其他有限责任公司	股份有限公司	私营独资企业	私营合伙企业	私营有限责任公司
全 省		**-55044**	**434838**	**26863**	**-724**	**10**	**93135**
哈尔滨		-31035	243812	18647			27709
齐齐哈尔		811	28129	2817	38		33881
鸡 西		251	-4227	-76			-7710
鹤 岗			-786	2474	-590	12	17313
双鸭山			2005	-955			-2646
大 庆		-42683	44580	-15753		-2	-8336
伊 春			13076	-67	-173		1284
佳木斯		3535	22865	52			13938
七台河		337	4466	161			-1124
牡丹江			31514	4159			9787
黑 河		91	12975	1644			4353
绥 化			17231	7423			4748
大兴安岭			-1978	148			-56
农垦总局		13649	18554				89
绥芬河			2572	6190			244
抚 远			50				-339

3−28　续表 2　　　　单位：万元

地　区	私营股份有限公司	其他内资企　业	港、澳、台商投资企　业	合资经营企业(港、澳、台资)	合作经营企业(港、澳、台资)	港、澳、台商独资经营企业	港、澳、台商投资股份有限公司
全　省	**-5118**	**-131**	**32366**	**37752**		**-3753**	**-1541**
哈 尔 滨	-2526	-69	35101	37751		-2558	
齐齐哈尔	-1445		1	1			
鸡　西	-783						
鹤　岗	979						
双 鸭 山	84		718			718	
大　庆	-1681		-79			-79	
伊　春	-43						
佳 木 斯	613	-62					
七 台 河	382						
牡 丹 江	-752		-3375			-1834	-1541
黑　河	-124						
绥　化	99						
大兴安岭	1						
农垦总局	71						
绥 芬 河							
抚　远	7						

3−28　续表 3　　　　单位：万元

地　区	其他港、澳、台投资企业	外商投资企　业	中外合资经营企业	中外合作经营企业	独资企业	外商投资股份有限公　司	其他外商投资企业
全　省	**-92**	**64869**	**11806**	**1375**	**51688**		
哈 尔 滨	-92	16443	7173	1375	7896		
齐齐哈尔							
鸡　西							
鹤　岗							
双 鸭 山							
大　庆		45588			45588		
伊　春							
佳 木 斯		4634	4634				
七 台 河							
牡 丹 江							
黑　河							
绥　化							
大兴安岭							
农垦总局							
绥 芬 河		-1796			-1796		
抚　远							

第4篇

重点服务业企业财务状况

4-1　交通运输、仓储和邮政业企业法人单位主要指标

行　业	单位数（个）	资产总计（万元）	营业收入（万元）	从业人员（人）
总　计	**3877**	**25288058.0**	**6969428.7**	**342067**
铁路运输业	**12**	**8224000.0**	**3029000.0**	**184199**
道路运输业	**2239**	**4823606.8**	**1114343.6**	**67318**
城市公共交通运输	429	2580238.3	208262.1	25423
公路旅客运输	181	224265.8	113205.0	10749
道路货物运输	1392	1594955.6	715446.2	23959
道路运输辅助活动	237	424147.2	77430.4	7187
水上运输业	**61**	**60811.4**	**14785.6**	**1528**
水上旅客运输	22	13073.0	4480.5	427
水上货物运输	22	27909.8	4813.1	602
水上运输辅助活动	17	19828.5	5492.0	499
航空运输业	**45**	**793542.2**	**97515.0**	**6557**
航空客货运输	13	93972.0	8679.0	2383
通用航空服务	15	26785.3	4309.2	389
航空运输辅助活动	17	672784.9	84526.8	3785
管道运输业	**8**	**139473.7**	**3142.2**	**484**
管道运输业	8	139473.7	3142.2	484
装卸搬运和运输代理业	**528**	**208036.2**	**128460.2**	**7138**
装卸搬运	164	49059.1	31572.8	3914
运输代理业	364	158977.1	96887.4	3224
仓储业	**723**	**9935653.9**	**1702318.6**	**20722**
谷物、棉花等农产品仓储	528	9335354.1	1547226.4	17620
其他仓储业	195	600299.9	155092.1	3102
邮政业	**261**	**1102933.8**	**879863.6**	**54121**
邮政基本服务	34	1065793.3	839042.0	49013
快递服务	227	37140.4	40821.6	5108

4-2　交通运输、仓储和邮政业企业法人单位分地区主要指标

地　区	单位数（个）	从业人员（人）
全　省	**3877**	**342067**
哈尔滨	1542	259724
齐齐哈尔	324	10190
鸡　西	84	4452
鹤　岗	63	2317
双鸭山	115	5396
大　庆	259	6370
伊　春	93	2981
佳木斯	180	9304
七台河	74	3276
牡丹江	295	9867
黑　河	183	8662
绥　化	368	13531
大兴安岭	82	1769
农垦总局	114	2767
绥芬河	81	1087
抚　远	20	374

4-3 信息传输、软件和信息技术服务业企业法人单位主要指标

行　业	单位数(个)	资产总计(万元)	营业收入(万元)	从业人员(人)
总　计	**2577**	**5577434.0**	**3250924.2**	**73087**
电信、广播电视和卫星传输服务	**244**	**4274040.3**	**2765320.9**	**44579**
电信	166	3557196.3	2674126.2	41014
广播电视传输服务	72	707960.5	87723.6	3360
卫星传输服务	6	8883.4	3471.1	205
互联网和相关服务	**261**	**92047.4**	**43702.8**	**4861**
互联网接入及相关服务	52	27907.6	18618.1	2728
互联网信息服务	135	43839.4	17661.2	1406
其他互联网服务	74	20300.3	7423.5	727
软件和信息技术服务业	**2072**	**1211346.3**	**441900.5**	**23647**
软件开发	1463	747158.8	279415.7	15382
信息系统集成服务	121	40116.4	45031.7	1468
信息技术咨询服务	281	121166.0	58571.5	3319
数据处理和存储服务	29	38035.6	5475.4	514
集成电路设计	16	4150.2	2867.9	166
其他信息技术服务业	162	260719.4	50538.2	2798

4-4 信息传输、软件和信息技术服务业企业法人单位分地区主要指标

地　区	单位数(个)	资产总计(万元)	营业收入(万元)	从业人员(人)
全　省	**2577**	**5577434.0**	**3250924.2**	**73087**
哈尔滨	1817	2424999.1	1444108.9	34844
齐齐哈尔	50	351863.3	270824.6	4878
鸡　西	26	156716.0	124201.6	2351
鹤　岗	18	139341.1	79642.2	1097
双鸭山	31	125080.9	87014.9	2168
大　庆	367	523610.9	321203.2	7443
伊　春	12	92669.3	75741.1	1591
佳木斯	22	263739.5	179599.6	2397
七台河	11	100983.1	64328.1	949
牡丹江	105	314026.3	240794.3	4430
黑　河	53	382563.1	125720.3	3500
绥　化	36	516093.2	165260.8	4045
大兴安岭	10	83759.1	38396.8	1335
农垦总局	10	62082.1	25823.9	1826
绥芬河	9	39907.0	8263.7	233
抚　远				

4-5　信息传输、软件和信息技术服务业企业法人单位分登记注册类型主要指标

登记注册类型	单位数(个)	资产总计(万元)	营业收入(万元)	从业人员(人)
总　计	**2577**	**5577434.0**	**3250924.2**	**73087**
内资企业	**2534**	**3380273.8**	**2049641.8**	**49294**
国有企业	82	1302385.2	698108.7	9589
集体企业	10	3589.8	2760.1	139
股份合作企业	12	554.0	2175.8	197
联营企业	10	5927.7	2274.5	120
有限责任公司	1238	1451914.7	974763.3	24057
股份有限公司	87	236219.0	172145.0	4010
私营企业	965	340671.2	170893.2	9725
其他企业	130	39012.2	26521.2	1457
港、澳、台商投资企业	**17**	**1536142.6**	**742996.9**	**16208**
外商投资企业	**26**	**661017.5**	**458285.5**	**7585**

4-6　房地产业企业法人单位主要指标

行　业	单位数(个)	资产总计(万元)	营业收入(万元)	从业人员(人)
总　计	**5888**	**102469837.6**	**11086577.3**	**123042**
房地产开发经营	2590	88600697.6	10419022.0	54718
物业管理	2081	1265579.5	511243.7	57322
房地产中介服务	920	151220.3	74351.4	6499
自有房地产经营活动	180	4125189.6	38688.2	3167
其他房地产业	117	8327150.6	43272.0	1336

4-7 房地产业企业法人单位分地区主要指标

地区	单位数(个)	资产总计(万元)	营业收入(万元)	从业人员(人)
全省	**5888**	**102469838.0**	**11086578.2**	**123042**
哈尔滨	2419	74292647.4	5365879.1	48809
齐齐哈尔	459	3659748.0	727965.7	8833
鸡西	237	1174528.5	120414.7	3192
鹤岗	177	750155.2	135214.5	2890
双鸭山	171	932480.6	172546.5	3326
大庆	487	12114541.5	1777786.1	20516
伊春	133	483862.7	192702.9	2745
佳木斯	253	1720260.5	570881.3	4087
七台河	109	513291.9	79268.4	2010
牡丹江	536	3384093.0	786033.7	11587
黑河	226	649347.0	239869.1	3697
绥化	328	1142314.7	559459.4	6190
大兴安岭	80	62615.4	9861.4	785
农垦总局	25	15106.3	4644.1	300
绥芬河	119	821336.4	170460.2	1458
抚远	129	753508.9	173590.9	2617

4-8 房地产业企业法人单位分登记注册类型主要指标

登记注册类型	单位数(个)	资产总计(万元)	营业收入(万元)	从业人员(人)
总计	**5888**	**102469838**	**11086577**	**123042**
内资企业	5834	100168424	10556461	121860
国有企业	170	1845764	170387	5444
集体企业	48	23679	4768	736
股份合作企业	38	29520	9784	506
联营企业	15	160716	2680	217
有限责任公司	2575	62889384	6230236	61120
股份有限公司	297	5800045	624370	5914
私营企业	2411	21313195	3425745	43316
其他企业	280	8106122	88490	4607
港、澳、台商投资企业	36	1354280	209961	817
外商投资企业	18	947134	320156	365

4-9　租赁和商务服务业企业法人单位主要指标

行　业	单位数（个）	资产总计（万元）	营业收入（万元）	从业人员（人）
总　计	**8546**	**31053369.7**	**3043915.4**	**170135**
租赁业	**850**	**610196.4**	**157052.3**	**7836**
机械设备租赁	832	349896.4	145509.1	7459
文化及日用品出租	18	260300.0	11543.2	377
商务服务业	**7696**	**30443173.3**	**2886863.1**	**162299**
企业管理服务	816	23744091.7	1690744.0	92293
法律服务	314	32237.3	36043.1	2145
咨询与调查	1782	350220.4	184591.0	11549
广告业	1648	248934.7	195752.1	10478
知识产权服务	56	29316.0	2125.2	352
人力资源服务	785	173568.8	134267.0	11052
旅行社及相关服务	716	225722.6	177253.7	6700
安全保护服务	114	56862.0	45084.1	10490
其他商务服务业	1465	5582219.8	421002.8	17240

4-10　租赁和商务服务业企业法人单位分地区主要指标

地　区	单位数（个）	资产总计（万元）	营业收入（万元）	从业人员（人）
全　省	**8546**	**31053369.7**	**3043915.4**	**170135**
哈尔滨	4671	21034342.0	1042163.1	53663
齐齐哈尔	491	386129.7	68408.4	6524
鸡　西	160	1807873.8	15294.9	1556
鹤　岗	97	45867.0	11861.6	985
双鸭山	198	548278.7	25264.5	4386
大　庆	907	2091125.6	361629.0	21219
伊　春	143	916307.7	11684.8	1501
佳木斯	228	83006.0	26426.9	5937
七台河	132	252616.7	13507.8	985
牡丹江	719	1653292.2	405706.7	16936
黑　河	288	172266.9	39493.7	3160
绥　化	165	52996.1	15682.4	1739
大兴安岭	122	70932.8	6627.4	1248
农垦总局	71	1397736.9	947096.6	49242
绥芬河	125	335530.4	52505.2	832
抚　远	29	205067.2	562.4	222

4-11 租赁和商务服务业企业法人单位分登记注册类型主要指标

登记注册类型	单位数（个）	资产总计（万元）	营业收入（万元）	从业人员（人）
总　计	**8546**	**31053370**	**3043915**	**170135**
内资企业	**8511**	**30102183**	**2987090**	**168708**
国有企业	260	6282202	452717	35828
集体企业	107	66839	22749	2392
股份合作企业	87	664294	20454	729
联营企业	30	10033	6750	892
有限责任公司	3524	19104317	685395	39689
股份有限公司	270	2200194	1132570	52416
私营企业	3410	1592829	517333	28121
其他企业	823	181476	149122	8641
港、澳、台商投资企业	**16**	**717751**	**44055**	**911**
外商投资企业	**19**	**233436**	**12770**	**516**

4-12 科学研究和技术服务业企业法人单位主要指标

行　业	单位数（个）	资产总计（万元）	营业收入（万元）	从业人员（人）
总　计	**4202**	**5816152.2**	**1693238.2**	**57337**
研究和试验发展	327	613346.6	73906.3	4172
专业技术服务业	2165	4586601.1	1243855.3	34245
科技推广和应用服务业	1710	616204.5	375476.6	18920

4-13 科学研究和技术服务业企业法人单位分地区主要指标

地区	单位数(个)	资产总计(万元)	营业收入(万元)	从业人员(人)
全省	**4202**	**5816152.2**	**1693238.2**	**57337**
哈尔滨	2211	3812603.3	405060.8	24748
齐齐哈尔	175	70842.0	28673.6	2832
鸡西	62	18296.4	12357.3	833
鹤岗	31	32864.0	6777.3	513
双鸭山	80	351110.7	6528.7	999
大庆	520	1146459.4	818123.3	9842
伊春	33	10723.4	3037.2	343
佳木斯	71	14143.6	9956.3	1095
七台河	38	19496.8	6955.4	584
牡丹江	727	234290.6	355932.6	12468
黑河	75	33187.9	16873.2	914
绥化	63	16632.5	4657.3	938
大兴安岭	37	28123.5	2103.1	272
农垦总局	44	24516.7	8781.3	724
绥芬河	30	2528.4	7231.3	206
抚远	5	333.0	189.6	26

4-14 科学研究和技术服务业企业法人单位分登记注册类型主要指标

登记注册类型	单位数(个)	资产总计(万元)	营业收入(万元)	从业人员(人)
总计	**4202**	**5816152**	**1693238**	**57337**
内资企业	**4179**	**5797526**	**1691982**	**57171**
国有企业	200	1359956	737182	9524
集体企业	42	54793	27577	1090
股份合作企业	42	55622	11050	787
联营企业	11	610	988	309
有限责任公司	1490	3137563	338436	15811
股份有限公司	123	386927	26834	2056
私营企业	1385	536688	246361	14738
其他企业	886	265368	303555	12856
港、澳、台商投资企业	**6**	**1715**	**187**	**52**
外商投资企业	**17**	**16911**	**1069**	**114**

4-15 水利、环境和公共设施管理业企业法人单位主要指标

行业	单位数(个)	资产总计(万元)	营业收入(万元)	从业人员(人)
总计	**634**	**6440621.7**	**191190.5**	**19459**
水利管理业	**75**	**120396.1**	**15016.3**	**1883**
防洪除涝设施管理	12	1769.3	2068.0	81
水资源管理	19	31086.1	2583.2	534
天然水收集与分配	9	1002.5	476.5	98
水文服务	5	594.9	367.4	44
其他水利管理业	30	85943.3	9521.1	1126
生态保护和环境治理业	**77**	**107411.5**	**32937.5**	**3115**
生态保护	27	79065.3	23882.0	2509
环境治理业	50	28346.2	9055.5	606
公共设施管理业	**482**	**6212814.2**	**143236.7**	**14461**
市政设施管理	70	128996.7	21215.2	1585
环境卫生管理	49	21944.4	4629.2	1144
城乡市容管理	16	23124.4	835.2	144
绿化管理	242	5380705.4	69231.7	8083
公园和游览景区管理	105	658043.2	47325.4	3505

4-16 水利、环境和公共设施管理业企业法人单位分地区主要指标

地区	单位数(个)	资产总计(万元)	营业收入(万元)	从业人员(人)
全省	**634**	**6440621.7**	**191190.5**	**19459**
哈尔滨	289	5516571.7	90156.7	10317
齐齐哈尔	37	36817.1	4880.3	661
鸡西	14	27787.9	1813.6	337
鹤岗	6	3362.9	199.4	27
双鸭山	27	25121.5	6493.2	555
大庆	89	245899.9	34167.5	1874
伊春	31	108312.3	6044.3	723
佳木斯	11	442.1	450.4	215
七台河	19	30776.3	5517.0	1854
牡丹江	41	304840.1	24860.3	1243
黑河	28	111123.8	5353.8	670
绥化	16	10404.0	906.3	222
大兴安岭	8	5026.9	1721.8	114
农垦总局	16	13832.2	7410.6	629
绥芬河	2	303.0	1215.3	18
抚远				

4-17　水利、环境和公共设施管理业企业法人单位分登记注册类型主要指标

登记注册类型	单位数（个）	资产总计（万元）	营业收入（万元）	从业人员（人）
总　计	**634**	**6440622**	**191190**	**19459**
内资企业	**632**	**6436833**	**190960**	**19437**
国有企业	98	5364543	58901	10420
集体企业	14	2594	1050	256
股份合作企业	2	62	352	24
联营企业	1	20	30	12
有限责任公司	203	702633	57204	3825
股份有限公司	21	14705	4130	219
私营企业	230	278677	61096	3640
其他企业	63	73600	8197	1041
港、澳、台商投资企业	**2**	**3788**	**231**	**22**
外商投资企业				

4-18　居民服务、修理和其他服务业企业法人单位主要指标

行　　业	单位数（个）	资产总计（万元）	营业收入（万元）	从业人员（人）
总　计	**2347**	**1460759.5**	**774850.5**	**32472**
居民服务业	**1111**	**1164418.4**	**351568.8**	**18008**
家庭服务	190	28994.6	51618.0	3189
托儿所服务	25	2060.7	1494.4	309
洗染服务	39	2075.8	4307.7	279
理发及美容服务	195	54850.6	95100.7	3330
洗浴服务	214	161105.0	89882.9	4638
保健服务	21	893.5	1398.0	126
婚姻服务	101	12388.0	22028.7	1036
殡葬服务	100	868478.0	34437.7	1842
其他居民服务业	226	33572.2	51300.8	3259
机动车、电子产品和日用产品修理业	**871**	**234751.1**	**377243.9**	**10376**
汽车、摩托车修理与维护	678	203792.6	342441.0	8512
计算机和办公设备维修	83	9628.8	13487.8	758
家用电器修理	55	9116.9	11543.4	604
其他日用产品修理业	55	12212.7	9771.7	502
其他服务业	**365**	**61590.0**	**46037.8**	**4088**
清洁服务	226	17952.3	19823.0	2136
其他未列明服务业	139	43637.7	26214.8	1952

4-19 居民服务、修理和其他服务业企业法人单位分地区主要指标

地　　区	单位数(个)	资产总计(万元)	营业收入(万元)	从业人员(人)
全　　省	**2347**	**1460759.5**	**774850.5**	**32472**
哈尔滨	1201	329325.2	562549.6	18011
齐齐哈尔	150	57433.2	20081.1	1648
鸡　　西	51	769837.6	5446.3	529
鹤　　岗	35	10090.2	3158.6	414
双鸭山	42	5741.9	2428.6	357
大　　庆	278	84414.0	47939.7	3025
伊　　春	24	1623.2	1055.1	190
佳木斯	88	31946.9	9632.1	1091
七台河	32	2348.6	2218.7	223
牡丹江	228	78744.5	105407.3	4318
黑　　河	79	15842.5	5180.1	1215
绥　　化	70	59393.0	4943.4	766
大兴安岭	28	2927.7	1252.1	185
农垦总局	31	7522.4	1568.7	415
绥芬河	9	3565.4	1969.0	77
抚　　远	1	3.0	20.0	8

4-20 居民服务、修理和其他服务业企业法人单位分登记注册类型主要指标

登记注册类型	单位数(个)	资产总计(万元)	营业收入(万元)	从业人员(人)
总　计	**2347**	**1460759**	**774850**	**32472**
内资企业	**2344**	**1426413**	**654105**	**32222**
国有企业	67	27685	35268	1881
集体企业	62	7367	9756	1168
股份合作企业	25	2673	2313	231
联营企业	12	968	2574	122
有限责任公司	618	164470	204431	8350
股份有限公司	69	845442	13913	1072
私营企业	1263	321256	342379	16578
其他企业	228	56553	43470	2820
港、澳、台商投资企业	**2**	**546**	**1503**	**85**
外商投资企业	**1**	**33800**	**119243**	**165**

4-21　教育企业法人单位主要指标

行　业	单位数（个）	资产总计（万元）	营业收入（万元）	从业人员（人）
总　计	**882**	**240704.0**	**112075.6**	**14810.0**
学前教育	157	16738.5	12993.7	2052.0
初等教育	18	15154.5	1177.4	825.0
中等教育	37	59912.2	16143.1	2713.0
高等教育	2	5.1	1.0	3.0
特殊教育	21	2272.5	2898.9	242.0
技能培训、教育辅助及其他教育	647	146621.2	78861.5	8975.0

4-22　教育企业法人单位分地区主要指标

地　区	单位数（个）	资产总计（万元）	营业收入（万元）	从业人员（人）
全　省	**882**	**240704.0**	**112075.6**	**14810.0**
哈尔滨	384	107842.7	41254.5	5309.0
齐齐哈尔	68	17442.7	9175.8	1019.0
鸡　西	38	7078.9	4310.7	516.0
鹤　岗	28	11205.5	3214.8	492.0
双鸭山	29	3064.8	980.3	460.0
大　庆	88	10781.5	7067.3	1076.0
伊　春	13	2253.2	1731.8	197.0
佳木斯	39	13824.9	4859.1	805.0
七台河	14	4943.9	512.0	142.0
牡丹江	72	12786.1	23473.1	1441.0
黑　河	24	3736.5	1177.0	337.0
绥　化	47	20358.7	5762.2	1175.0
大兴安岭	10	2501.1	476.7	134.0
农垦总局	25	22201.7	7726.2	1676.0
绥芬河	1	561.7	291.8	19.0
抚　远	2	120.0	62.0	12.0

4—23 教育企业法人单位分登记注册类型主要指标

登记注册类型	单位数(个)	资产总计(万元)	营业收入(万元)	从业人员(人)
总　计	**882**	**240704**	**112076**	**14810**
内资企业	**881**	**240702**	**112074**	**14809**
国有企业	67	36966	13001	3005
集体企业	19	1948	2632	259
股份合作企业	8	38813	8508	675
联营企业	3	978	380	65
有限责任公司	125	30351	17535	1933
股份有限公司	9	1028	621	97
私营企业	364	74904	46766	5679
其他企业	286	55713	22629	3096
港、澳、台商投资企业	**1**	**2**	**2**	**1**
外商投资企业				

4—24 卫生和社会工作企业法人单位主要指标

行　业	单位数(个)	资产总计(万元)	营业收入(万元)	从业人员(人)
总　计	**703**	**873503.8**	**518020.3**	**33491**
卫生	**589**	**843701.5**	**510480.3**	**32371**
医院	269	805527.8	477385.3	28902
社区医疗与卫生院	101	10230.5	7551.9	1435
门诊部(所)	166	13296.5	10357.8	916
计划生育技术服务活动				
妇幼保健院(所、站)	1	50.0	25.0	16
专科疾病防治院(所、站)	13	2152.4	3205.9	134
疾病预防控制中心	2	83.0	52.0	30
其他卫生活动	37	12361.3	11902.2	938
社会工作	**114**	**29802.3**	**7540.0**	**1120**
提供住宿社会工作	110	29777.3	7503.1	1107
不提供住宿社会工作	4	25.0	36.9	13

4-25 卫生和社会工作企业法人单位分地区主要指标

地区	单位数(个)	资产总计(万元)	营业收入(万元)	从业人员(人)
全省	**703**	**873503.8**	**518020.3**	**33491**
哈尔滨	216	102978.6	91362.1	6570
齐齐哈尔	80	33682.3	28224.8	2774
鸡西	36	5561.4	3479.4	508
鹤岗	30	59767.6	47592.0	3634
双鸭山	20	7075.9	2333.1	2306
大庆	55	257948.1	268039.1	9825
伊春	27	3810.9	1301.7	265
佳木斯	29	6865.3	3576.3	380
七台河	19	25737.7	30404.1	1861
牡丹江	98	12847.8	17507.6	1281
黑河	20	4728.8	2768.7	353
绥化	26	308795.6	11716.8	1481
大兴安岭	26	1208.0	541.9	153
农垦总局	21	42495.8	9172.7	2100
绥芬河				
抚远				

4-26 卫生和社会工作企业法人单位分登记注册类型主要指标

登记注册类型	单位数(个)	资产总计(万元)	营业收入(万元)	从业人员(人)
总计	**703**	**873504**	**518020**	**33491**
内资企业	**699**	**861438**	**509645**	**32825**
国有企业	137	398268	373379	21326
集体企业	32	7727	6390	789
股份合作企业	15	24647	20769	1056
联营企业	5	455	310	60
有限责任公司	49	31775	31009	1860
股份有限公司	9	5757	6182	421
私营企业	272	65419	47085	4888
其他企业	180	327390	24521	2425
港、澳、台商投资企业	**2**	**410**	**327**	**25**
外商投资企业	**2**	**11656**	**8049**	**641**

4-27 文化、体育和娱乐业企业法人单位主要指标

行 业	单位数(个)	资产总计(万元)	营业收入(万元)	从业人员(人)
总 计	**2709**	**964794.3**	**419452.8**	**27034**
新闻和出版业	**77**	**262754.8**	**146791.3**	**8243**
新闻业	9	2354.3	10361.0	3601
出版业	68	260400.5	136430.3	4642
广播、电视、电影和音像业	**152**	**160233.2**	**82449.6**	**4372**
广播	13	2715.7	5845.8	232
电视	20	98315.1	35685.6	2644
电影和影视节目制作	50	26533.2	9414.6	556
电影和影视节目发行	4	57.1	170.6	54
电影放映	43	31775.7	29736.7	688
录音制作	22	836.4	1596.3	198
文化艺术业	**248**	**280650.6**	**36660.1**	**2450**
文艺创作与表演	61	199162.0	12693.1	1063
艺术表演场馆	9	4242.9	1865.9	207
图书馆与档案馆	12	40846.7	2766.9	80
文物及非物质文化遗产保护	5	1138.5	599.2	28
博物馆	7	5451.0	1088.4	65
烈士陵园、纪念馆	3	1055.0	107.3	86
群众文化活动	22	881.0	880.1	118
其他文化艺术业	129	27873.5	16659.2	803
体育	**84**	**46036.0**	**14627.0**	**1321**
体育组织	2	350.0	104.0	7
体育场馆	7	3737.2	556.2	112
休闲健身活动	72	41253.8	13317.7	1169
其他体育	3	695.1	649.1	33
娱乐业	**2148**	**215119.7**	**138924.7**	**10648**
室内娱乐活动	2027	108377.7	106706.3	8658
游乐园	19	73942.5	19019.4	942
彩票活动				
文化、娱乐、体育经纪代理	64	16145.5	5617.2	481
其他娱乐业	38	16654.0	7581.8	567

4-28　文化、体育和娱乐业企业法人单位分地区主要指标

地　区	单位数（个）	资产总计（万元）	营业收入（万元）	从业人员（人）
全　省	**2709**	**964794.3**	**419452.8**	**27034**
哈尔滨	729	665494.3	275922.5	9768
齐齐哈尔	273	29583.9	9187.0	1386
鸡　西	158	5284.9	3591.8	555
鹤　岗	75	10984.7	4263.8	304
双鸭山	131	5682.4	2107.7	617
大　庆	340	100402.0	26051.8	5825
伊　春	107	17152.8	7760.1	887
佳木斯	118	9502.0	6948.9	507
七台河	127	8816.8	3246.0	536
牡丹江	287	85534.0	73756.9	4714
黑　河	122	10075.3	2332.4	708
绥　化	125	6003.6	2372.1	845
大兴安岭	100	5865.8	961.5	316
农垦总局	13	3418.6	154.3	47
绥芬河	3	943.3	775.9	14
抚　远	1	50.0	20.0	5

4-29　文化、体育和娱乐业企业法人单位分登记注册类型主要指标

登记注册类型	单位数（个）	资产总计（万元）	营业收入（万元）	从业人员（人）
总　计	**2709**	**964794**	**419453**	**27034**
内资企业	2700	948105	417012	26710
国有企业	68	336723	70710	6592
集体企业	19	3021	3421	173
股份合作企业	11	644	586	148
联营企业	8	2556	804	52
有限责任公司	366	356907	166405	7438
股份有限公司	40	36501	34223	982
私营企业	1840	186288	113464	9128
其他企业	348	25466	27399	2197
港、澳、台商投资企业	3	4575	653	48
外商投资企业	6	12115	1789	276

4-30 国有控股企业分行业主要指标

行业	单位数(个)	资产总计(万元)	营业收入(万元)	从业人员(人)
总 计	**2069**	**47396049.6**	**8453756.6**	**299564**
交通运输、仓储和邮政业	**644**	**13629320.0**	**2681095.7**	**95391**
道路运输业	211	2616456.0	256823.7	25877
水上运输业	20	35697.7	9048.8	1023
航空运输业	11	778553.5	89640.1	4055
管道运输业	4	138796.3	2207.0	388
装卸搬运和运输代理业	27	45891.4	12693.7	609
仓储业	338	9006632.9	1517393.1	14804
邮政业	33	1007292.1	793289.3	48635
信息传输、软件和信息技术服务业	**155**	**4152007.3**	**2461514.7**	**39854**
电信、广播电视和卫星传输服务	117	3843175.7	2419502.6	37692
互联网和相关服务	12	13641.9	2775.1	435
软件和信息技术服务业	26	295189.8	39237.0	1727
房地产业	**185**	**885007.8**	**173839.7**	**13466**
物业管理业	136	493110.9	170648.2	12600
房地产中介服务业	11	842.9	1159.1	141
自有房地产经营活动	19	62717.3	1659.8	520
其他房地产业	19	328336.7	372.7	205
租赁和商务服务业	**366**	**20030172.8**	**1547988.7**	**92138**
租赁业	7	26867.0	7865.9	324
商务服务业	359	20003305.7	1540122.7	91814
科学研究和技术服务业	**257**	**1866702.8**	**867453.0**	**11783**
研究和试验发展	21	380992.3	17280.4	1183
专业技术服务业	201	1458360.1	843606.7	9828
科技推广和应用服务业	35	27350.4	6565.9	772
水利、环境和公共设施管理业	**107**	**5781028.1**	**72964.3**	**10718**
水利管理业	20	86473.3	5022.4	842
生态保护和环境治理业	22	61120.2	17281.7	1453
公共设施管理业	65	5633434.6	50660.2	8423
居民服务、修理和其他服务业	**78**	**63267.5**	**100060.0**	**2246**
居民服务业	37	15950.9	26379.3	1029
机动车、电子产品和日用产品修理业	30	38607.8	69565.8	832
其他服务业	11	8708.8	4114.9	385
教育	**64**	**35821.3**	**11829.3**	**2732**
卫生和社会工作	**117**	**388999.1**	**364212.4**	**20036**
卫生	108	380608.7	363552.4	19963
社会工作	9	8390.4	660.0	73
文化、体育和娱乐业	**96**	**563722.8**	**172798.8**	**11200**
新闻和出版业	34	238269.2	134011.3	7457
广播、电视、电影和影视录音制作业	25	59219.5	25759.4	2672
文化艺术业	24	237214.9	4289.4	721
体育	4	6555.9	701.8	78
娱乐业	9	22463.3	8036.9	272

注：不含铁路运输业、金融业、房地产开发经营。

4–32　非公有控股经济企业分行业主要指标

行　　业	单位数(个)	资产总计(万元)	营业收入(万元)	从业人员(人)
总　计	**26979**	**35621979.0**	**5979150.1**	**337548**
交通运输、仓储和邮政业	**3186**	**3560283.2**	**1302417.7**	**60583**
道路运输业	2004	2157736.3	905912.4	40897
水上运输业	38	24214.6	5154.8	428
航空运输业	35	16334.3	8133.5	2520
管道运输业	3	672.6	1648.1	56
装卸搬运和运输代理业	479	354777.3	114205.7	5394
仓储业	390	967235.0	224325.2	6123
邮政业	237	39313.0	43037.9	5165
信息传输、软件和信息技术服务业	**2383**	**1373683.7**	**769486.2**	**32282**
电信、广播电视和卫星传输服务	113	400150.4	331060.8	6290
互联网和相关服务	246	75462.2	40431.7	4373
软件和信息技术服务业	2024	898071.0	397993.6	21619
房地产业	**3007**	**12921733.6**	**469239.4**	**52195**
物业管理业	1881	728079.6	326923.5	42691
房地产中介服务业	897	146679.5	69993.9	6217
自有房地产经营活动	133	4048167.7	29475.6	2168
其他房地产业	96	7998806.9	42846.4	1119
租赁和商务服务业	**7955**	**10848539.9**	**1433506.2**	**73288**
租赁业	820	577512.7	143459.5	7264
商务服务业	7135	10271027.2	1290046.7	66024
科学研究和技术服务业	**3824**	**3858076.7**	**770973.8**	**42850**
研究和试验发展	296	223738.1	54535.0	2837
专业技术服务业	1885	3052735.4	357222.1	22422
科技推广和应用服务业	1643	581603.2	359216.7	17591
水利、环境和公共设施管理业	**505**	**652993.5**	**112523.1**	**8272**
水利管理业	53	33889.2	9926.6	1029
生态保护和环境治理业	55	46291.3	15655.9	1662
公共设施管理业	397	572813.0	86940.7	5581
居民服务、修理和其他服务业	**2186**	**1357874.3**	**659839.8**	**28639**
居民服务业	1039	1112590.8	317817.3	16131
机动车、电子产品和日用产品修理业	807	193893.0	302788.1	9247
其他服务业	340	51390.5	39234.4	3261
教育	**795**	**200898.2**	**97478.6**	**11704**
卫生和社会工作	**550**	**460742.0**	**139370.1**	**12264**
卫生	449	440583.2	132552.0	11289
社会工作	101	20158.8	6818.1	975
文化、体育和娱乐业	**2588**	**387154.0**	**224315.3**	**15471**
新闻和出版业	38	23879.5	11633.2	704
广播、电视、电影和影视录音制作业	119	90634.9	36969.1	1527
文化艺术业	219	43192.7	31890.4	1711
体育	77	37609.6	13110.7	1171
娱乐业	2135	191837.3	130711.8	10358

注：不含铁路运输业、金融业、房地产开发经营。

4-32 规模以上交通运输、仓储和

行业	固定资产原价(万元)	本年折旧(万元)	资产总计(万元)	负债合计(万元)	所有者权益合计(万元)	营业收入(万元)	营业成本(万元)
总计	**1669192.6**	**136088.7**	**8164171.4**	**6983016.2**	**1181155.2**	**2310436.1**	**2088669.2**
铁路运输业							
道路运输业	**626491.6**	**68878.5**	**735636.6**	**502605.8**	**233030.8**	**433810.4**	**378679.2**
城市公共交通运输	323509.8	38730.4	320327.7	254570.4	65757.3	139734.2	141590.9
公路旅客运输	114101.4	13286.4	132390.6	84332.8	48057.8	57911.4	37800.5
道路货物运输	121776.2	12081.0	203460.1	122686.3	80773.8	209112.1	184983.4
道路运输辅助活动	67104.2	4780.7	79458.2	41016.3	38441.9	27052.7	14304.4
水上运输业	**34679.6**	**1223.6**	**24525.0**	**2409.6**	**22115.4**	**5891.6**	**5933.6**
水上旅客运输	4306.3	205.4	3740.5	427.0	3313.5	270.9	898.8
水上货物运输	10641.8	277.1	7393.1	807.9	6585.2	3077.0	2779.8
水上运输辅助活动	19731.5	741.1	13391.4	1174.7	12216.7	2543.7	2255.0
航空运输业	**209472.9**	**7474.6**	**375497.8**	**20304.7**	**355193.1**	**79846.7**	**52382.4**
航空客货运输							
通用航空服务	379.6	49.2	3167.2	2430.0	737.2	2238.5	89.9
航空运输辅助活动	209093.3	7425.4	372330.6	17874.7	354455.9	77608.2	52292.5
管道运输业							
管道运输业							
装卸搬运和运输代理业	**28724.8**	**1710.8**	**52908.6**	**21693.6**	**31215.0**	**21788.0**	**14549.5**
装卸搬运	15406.5	412.8	34729.9	18459.7	16270.2	7957.0	5252.6
运输代理业	13318.3	1298.0	18178.7	3233.9	14944.8	13831.0	9296.9
仓储业	**395132.7**	**25201.8**	**6647592.4**	**6349604.1**	**297988.3**	**1336096.5**	**1272435.3**
谷物、棉花等农产品仓储	354697.8	23990.3	6207739.0	5953012.1	254726.9	1269469.2	1210701.8
其他仓储业	40434.9	1211.5	439853.4	396592.0	43261.4	66627.3	61733.5
邮政业	**374691.0**	**31599.4**	**328011.0**	**86398.4**	**241612.6**	**433002.9**	**364689.2**
邮政基本服务	370628.9	31030.7	314496.6	77747.5	236749.1	419103.7	350075.8
快递服务	4062.1	568.7	13514.4	8650.9	4863.5	13899.2	14613.4

邮政业企业法人单位主要指标

营业税金及附加（万元）	销售费用、管理费用、财务费用合计（万元）	投资收益（万元）	营业利润（万元）	利润总额（万元）	应交所得税（万元）	应付职工薪酬（万元）	应交增值税（万元）	从业人员（人）
20787.4	**521781.5**	**3523.0**	**-307752.0**	**45877.1**	**7722.1**	**356445.0**	**34964.5**	**65410**
10337.8	**85165.2**	**2785.4**	**-41298.3**	**2061.4**	**5942.2**	**87145.0**	**3504.4**	**28196**
3597.5	36785.7	1086.3	-44710.2	-3632.8	3732.2	41750.6	653.8	15743
1874.6	20614.8	1458.4	-124.0	1623.3	327.8	15850.6	536.3	4968
4006.8	14490.9	123.9	5055.8	5850.1	1872.7	18015.3	1968.5	4492
858.9	13273.8	116.8	-1519.9	-1779.2	9.5	11528.5	345.8	2993
78.8	**1584.9**	**120.4**	**-1465.2**	**-387.3**		**3316.7**	**17.1**	**713**
6.0	460.5		-1094.4	-214.8		898.1	0.7	185
19.2	558.0	120.4	-159.5	-77.4		1558.3		304
53.6	566.4		-211.3	-95.1		860.3	16.4	224
1967.9	**14182.1**	**202.3**	**11369.9**	**10248.1**	**137.5**	**30747.8**	**1354.9**	**3141**
78.5	1538.1		548.9	548.9	137.5	534.4	57.6	74
1889.4	12644.0	202.3	10821.0	9699.2		30213.4	1297.3	3067
723.6	**4388.9**	**90.9**	**2150.6**	**2310.3**	**707.8**	**4445.6**	**182.9**	**1265**
326.6	2557.3	20.1	-159.3	-185.2	25.8	3309.4	47.9	962
397.0	1831.6	70.8	2309.9	2495.5	682.0	1136.2	135.0	303
1472.9	**354840.9**	**324.0**	**-291173.1**	**18097.4**	**911.5**	**31601.8**	**554.5**	**9068**
1273.0	329298.7	323.3	-270817.7	14113.1	906.0	26905.6	489.2	8505
199.9	25542.2	0.7	-20355.4	3984.3	5.5	4696.2	65.3	563
6206.4	**61619.5**		**12664.1**	**13547.2**	**23.1**	**199188.1**	**29350.7**	**23027**
5934.7	56646.0		15789.2	16802.5	36.0	192235.4	29333.3	20581
271.7	4973.5		-3125.1	-3255.3	-12.9	6952.7	17.4	2446

4−33 规模以上信息传输、软件和信息

行业	固定资产原价(万元)	本年折旧(万元)	资产总计(万元)	负债合计(万元)	所有者权益合计(万元)	营业收入(万元)	营业成本(万元)
总计	**8167519.8**	**592824.9**	**3695797.1**	**2091132.7**	**1604664.4**	**2701567.3**	**1412190.7**
电信、广播电视和卫星传输服务	**8123330.4**	**589136.5**	**3571150.7**	**2018672.4**	**1552478.3**	**2629044.2**	**1359748.1**
电信	7970766.9	571425.9	3409890.8	1936784.5	1473106.3	2578339.9	1324845.5
广播电视传输服务	152563.5	17710.6	161259.9	81887.9	79372.0	50704.3	34902.6
卫星传输服务							
互联网和相关服务	**2232.2**	**137.9**	**9467.5**	**3568.5**	**5899.0**	**2531.4**	**1115.3**
互联网接入及相关服务							
互联网信息服务	2232.2	137.9	9467.5	3568.5	5899.0	2531.4	1115.3
其他互联网服务							
软件和信息技术服务业	**41957.2**	**3550.5**	**115178.9**	**68891.8**	**46287.1**	**69991.7**	**51327.3**
软件开发	40479.9	3233.9	106560.0	65556.6	41003.4	35140.3	20924.1
信息系统集成服务	696.2	263.1	3655.0	1162.7	2492.3	24491.0	20759.0
信息技术咨询服务	548.5	40.6	2757.4	1116.5	1640.9	10175.2	9549.6
数据处理和存储服务	232.6	12.9	2206.5	1056.0	1150.5	185.2	94.6
集成电路设计							
其他信息技术服务业							

4−34 规模以上物业管理和房地产

行业	固定资产原价(万元)	本年折旧(万元)	资产总计(万元)	负债合计(万元)	所有者权益合计(万元)	营业收入(万元)	营业成本(万元)
总计	**127222.5**	**7364.9**	**289058.2**	**240918.5**	**48139.7**	**148047.9**	**129994.6**
物业管理	126469.1	7259.2	287667.8	240545.5	47122.3	145667.9	129145.4
房地产中介服务	753.4	105.7	1390.4	373.0	1017.4	2380.0	849.2

技术服务业企业法人单位主要指标

营业税金及附加(万元)	销售费用、管理费用、财务费用合计(万元)	投资收益(万元)	营业利润(万元)	利润总额(万元)	应交所得税(万元)	应付职工薪酬(万元)	应交增值税(万元)	从业人员(人)
85861.6	**649208.7**	**995.2**	**555291.3**	**540424.2**	**30487.4**	**297382.0**	**835.4**	**40038**
85031.5	**627190.8**	**1030.5**	**551301.8**	**534963.0**	**29398.8**	**288555.2**	**328.6**	**37950**
83538.9	618579.5	1030.5	545520.7	527440.2	29373.3	282335.7	137.3	36605
1492.6	8611.3		5781.1	7522.8	25.5	6219.5	191.3	1345
44.8	**1105.9**	**-45.7**	**219.7**	**219.7**	**14.0**	**428.3**	**68.3**	**138**
44.8	1105.9	-45.7	219.7	219.7	14.0	428.3	68.3	138
785.3	**20912.0**	**10.4**	**3769.8**	**5241.5**	**1074.6**	**8398.5**	**438.5**	**1950**
526.4	16749.3	10.4	3743.6	5017.5	923.6	6596.8	364.6	1450
248.1	3429.0		54.7	50.7	88.2	1475.8	15.0	358
9.8	363.9		251.7	251.6	62.8	136.1	58.9	51
1.0	369.8		-280.2	-78.3		189.8		91

中介服务企业法人单位主要指标

营业税金及附加(万元)	销售费用、管理费用、财务费用合计(万元)	投资收益(万元)	营业利润(万元)	利润总额(万元)	应交所得税(万元)	应付职工薪酬(万元)	应交增值税(万元)	从业人员(人)
4141.2	**32772.5**	**-42.4**	**-16187.7**	**-9741.7**	**400.8**	**38738.3**	**679.8**	**14661**
3996.3	31632.8	-42.4	-16445.7	-10015.3	336.3	38502.0	644.2	14613
144.9	1139.7		258.0	273.6	64.5	236.3	35.6	48

4-35 规模以上租赁和商务

行业	固定资产原价(万元)	本年折旧(万元)	资产总计(万元)	负债合计(万元)	所有者权益合计(万元)	营业收入(万元)	营业成本(万元)
总计	**880264.5**	**36945.5**	**7930371.7**	**2793842.0**	**5136529.7**	**441361.7**	**214134.2**
租赁业	**14434.5**	**678.7**	**153548.3**	**118680.6**	**34867.7**	**9980.5**	**600.3**
机械设备租赁	3164.8	121.4	134771.8	108227.8	26544.0	3672.0	600.3
文化及日用品出租	11269.7	557.3	18776.5	10452.8	8323.7	6308.5	
商务服务业	**865830.0**	**36266.8**	**7776823.4**	**2675161.4**	**5101662.0**	**431381.2**	**213533.9**
企业管理服务	539764.0	22734.8	6950110.7	2096854.4	4853256.3	221048.6	142863.0
法律服务	640.5	40.8	1129.1	181.9	947.2	1751.8	
咨询与调查	611.2	55.0	9169.1	2857.6	6311.5	5288.1	3773.6
广告业	608.7	158.1	3781.6	3596.0	185.6	4148.6	3473.6
知识产权服务							
人力资源服务	403.1	68.9	4755.0	4037.3	717.7	7344.0	6212.5
旅行社及相关服务	1443.3	66.9	7244.1	2993.2	4250.9	36071.5	31331.2
安全保护服务	15290.9	1460.1	8065.3	4026.8	4038.5	14726.0	6887.8
其他商务服务业	307068.3	11682.2	792568.5	560614.2	231954.3	141002.6	18992.2

4-36 规模以上科学研究和技术

行业	固定资产原价(万元)	本年折旧(万元)	资产总计(万元)	负债合计(万元)	所有者权益合计(万元)	营业收入(万元)	营业成本(万元)
总计	**40981.1**	**5683.0**	**689129.2**	**503848.7**	**185280.5**	**567881.0**	**456729.1**
研究和试验发展							
自然科学研究和试验发展							
工程和技术研究和试验发展							
农业科学研究和试验发展							
医学研究和试验发展							
社会人文科学研究							
专业技术服务业	**40931.9**	**5677.6**	**688665.3**	**503420.9**	**185244.4**	**567297.6**	**456420.7**
气象服务							
地震服务							
海洋服务							
测绘服务	3500.8	932.6	5842.7	3235.1	2607.6	4227.1	1578.2
质检技术服务	115.8	32.2	456.2	44.9	411.3	1621.7	922.3
环境与生态监测							
地质勘查	6169.6	728.5	32791.6	21366.2	11425.4	6284.3	4831.1
工程技术	13401.3	1840.6	206086.1	142259.5	63826.6	159621.7	125453.4
其他专业技术服务业	17744.4	2143.7	443488.7	336515.2	106973.5	395542.8	323635.7
科技推广和应用服务业	**49.2**	**5.4**	**463.9**	**427.8**	**36.1**	**583.4**	**308.4**
技术推广服务							
科技中介服务	49.2	5.4	463.9	427.8	36.1	583.4	308.4
其他科技推广和应用服务业							

服务业企业法人单位主要指标

营业税金及附加（万元）	销售费用、管理费用、财务费用合计（万元）	投资收益（万元）	营业利润（万元）	利润总额（万元）	应交所得税（万元）	应付职工薪酬（万元）	应交增值税（万元）	从业人员（人）
14125.4	**230462.2**	**322800.5**	**260471.8**	**311630.3**	**13076.0**	**60741.7**	**3911.9**	**17502**
551.6	**5610.3**		**3218.2**	**3219.8**	**804.8**	**1756.8**		**245**
205.1	986.2		1880.3	1880.3	470.1	483.3		70
346.5	4624.1		1337.9	1339.5	334.7	1273.5		175
13573.8	**224851.9**	**322800.5**	**257253.6**	**308410.5**	**12271.2**	**58984.9**	**3911.9**	**17257**
3680.2	119007.4	322511.5	230115.1	282415.9	5039.7	26642.9	3793.6	8623
59.0	1427.1		265.7	265.7	105.8	67.4	47.8	60
278.6	716.4		519.5	521.6	75.2	596.8	25.1	102
122.4	213.6		339.0	289.6	33.2	82.2		29
226.6	976.7		89.3	93.4	132.0	1258.1		430
299.3	4078.1	42.1	698.5	595.8	65.1	1303.8		490
762.8	5622.9		1452.4	1527.6	379.5	11161.0		3966
8144.9	92809.7	246.9	23774.1	22700.9	6440.7	17872.7	45.4	3557

服务业企业法人单位主要指标

营业税金及附加（万元）	销售费用、管理费用、财务费用合计（万元）	投资收益（万元）	营业利润（万元）	利润总额（万元）	应交所得税（万元）	应付职工薪酬（万元）	应交增值税（万元）	从业人员（人）
5889.9	**34639.3**	**609.4**	**72927.5**	**72394.3**	**13724.1**	**69546.5**	**1727.0**	**4215**
5795.9	**34444.7**	**609.4**	**72939.9**	**72406.7**	**13724.1**	**69373.5**	**1727.0**	**4156**
269.0	3178.9		243.3	244.4	84.8	1270.3	48.3	404
91.1	420.5		187.8	159.2	46.2	70.6		45
252.9	865.0	-15.0	270.2	224.6	186.4	1379.4	48.5	439
4579.9	19526.3		10234.9	10180.9	1709.3	19171.9	1583.9	2495
603.0	10454.0	624.4	62003.7	61597.6	11697.4	47481.3	46.3	773
94.0	**194.6**		**-12.4**	**-12.4**		**173.0**		**59**
94.0	194.6		-12.4	-12.4		173.0		59

4-37 规模以上水利、环境和公共设施

行　业	固定资产原价(万元)	本年折旧(万元)	资产总计(万元)	负债合计(万元)	所有者权益合计(万元)	营业收入(万元)	营业成本(万元)
总　计	**110666.2**	**19816.6**	**211333.7**	**108928.8**	**102404.9**	**28231.7**	**19307.9**
水利管理业	**26239.8**	**4714.3**	**33042.4**	**14435.0**	**18607.4**	**1835.7**	**2608.1**
防洪除涝设施管理							
水资源管理							
天然水收集与分配							
水文服务							
其他水利管理业	26239.8	4714.3	33042.4	14435.0	18607.4	1835.7	2608.1
生态保护和环境治理业	**22263.1**	**1558.5**	**23641.6**	**10024.3**	**13617.3**	**10514.0**	**4906.5**
生态保护	22263.1	1558.5	23641.6	10024.3	13617.3	10514.0	4906.5
环境治理业							
公共设施管理业	**62163.3**	**13543.8**	**154649.7**	**84469.5**	**70180.2**	**15882.0**	**11793.3**
市政设施管理	204.2	41.4	8095.9	8592.2	-496.3	669.7	
环境卫生管理							
城乡市容管理							
绿化管理							
公园和游览景区管理	61959.1	13502.4	146553.8	75877.3	70676.5	15212.3	11793.3

4-38 规模以上居民服务、修理和其他

行　业	固定资产原价(万元)	本年折旧(万元)	资产总计(万元)	负债合计(万元)	所有者权益合计(万元)	营业收入(万元)	营业成本(万元)
总　计	**26274.0**	**4454.8**	**111568.9**	**81140.2**	**30428.7**	**229046.4**	**201278.9**
居民服务业	**13069.8**	**1188.3**	**47872.2**	**32926.5**	**14945.7**	**23149.7**	**10039.9**
家庭服务							
托儿所服务							
洗染服务							
理发及美容服务							
洗浴服务	4048.8	396.4	29097.0	24094.2	5002.8	12947.3	3602.9
保健服务							
婚姻服务							
殡葬服务	8893.6	818.7	17665.2	8439.5	9225.7	9484.8	6076.5
其他居民服务业	127.4	-26.8	1110.0	392.8	717.2	717.6	360.5
机动车、电子产品和日用产品修理业	**11709.5**	**3203.4**	**60853.6**	**46438.3**	**14415.3**	**203590.2**	**190390.7**
汽车、摩托车修理与维护	11709.5	3203.4	60853.6	46438.3	14415.3	203590.2	190390.7
计算机和办公设备维修							
家用电器修理							
其他日用产品修理业							
其他服务业	**1494.7**	**63.1**	**2843.1**	**1775.4**	**1067.7**	**2306.5**	**848.3**
清洁服务	1.2	0.1	2.0	0.4	1.6	28.0	6.0
其他未列明服务业	1493.5	63.0	2841.1	1775.0	1066.1	2278.5	842.3

管理业企业法人单位主要指标

营业税金及附加（万元）	销售费用、管理费用、财务费用合计（万元）	投资收益（万元）	营业利润（万元）	利润总额（万元）	应交所得税（万元）	应付职工薪酬（万元）	应交增值税（万元）	从业人员（人）
967.4	**18932.7**	**-58.1**	**-10925.6**	**-5859.0**	**246.0**	**6327.4**	**0.4**	**1972**
13.2	**1001.1**		**-1786.7**	**-1540.6**		**1124.4**		**489**
13.2	1001.1		-1786.7	-1540.6		1124.4		489
208.3	**4712.6**	**-64.6**	**604.9**	**654.8**	**185.7**	**932.8**		**256**
208.3	4712.6	-64.6	604.9	654.8	185.7	932.8		256
745.9	**13219.0**	**6.5**	**-9743.8**	**-4973.2**	**60.3**	**4270.2**	**0.4**	**1227**
37.5	716.0		-83.8	-83.8		259.9		86
708.4	12503.0	6.5	-9660.0	-4889.4	60.3	4010.3	0.4	1141

服务业企业法人单位主要指标

营业税金及附加（万元）	销售费用、管理费用、财务费用合计（万元）	投资收益（万元）	营业利润（万元）	利润总额（万元）	应交所得税（万元）	应付职工薪酬（万元）	应交增值税（万元）	从业人员（人）
748.0	**24048.3**	**10.0**	**3148.5**	**2946.0**	**757.9**	**4144.6**	**507.0**	**1314**
418.5	**9993.4**	**10.0**	**2492.7**	**2272.0**	**181.8**	**1620.8**	**109.3**	**566**
371.6	6795.8	10.0	1971.8	1918.2	35.4	863.8	109.3	339
	2849.7		558.6	391.5	146.4	643.3		187
46.9	347.9		-37.7	-37.7		113.7		40
247.7	**12605.3**		**648.0**	**629.4**	**555.8**	**1643.5**	**287.8**	**437**
247.7	12605.3		648.0	629.4	555.8	1643.5	287.8	437
81.8	**1449.6**		**7.8**	**44.6**	**20.3**	**880.3**	**109.9**	**311**
	1.8		-1.6	-1.6		26.0		20
81.8	1447.8		9.4	46.2	20.3	854.3	109.9	291

4-39 规模以上教育企业

行业	固定资产原价(万元)	本年折旧(万元)	资产总计(万元)	负债合计(万元)	所有者权益合计(万元)	营业收入(万元)	营业成本(万元)
总计	**13466.0**	**1044.3**	**11043.3**	**4401.1**	**6642.2**	**7707.5**	**5171.6**
学前教育							
初等教育							
中等教育	6661.0	182.1	5632.3	1142.0	4490.3	1204.4	1069.5
高等教育							
特殊教育							
技能培训、教育辅助及其他教育	6805.0	862.2	5411.0	3259.1	2151.9	6503.1	4102.1

4-40 规模以上卫生和社会

行业	固定资产原价(万元)	本年折旧(万元)	资产总计(万元)	负债合计(万元)	所有者权益合计(万元)	营业收入(万元)	营业成本(万元)
总计							
卫生	**364606.6**	**62300.9**	**344820.8**	**159381.9**	**185438.9**	**399239.0**	**381887.4**
医院	361333.7	62123.1	340553.8	157566.5	182987.3	395109.1	378859.4
社区医疗与卫生院							
门诊部(所)							
计划生育技术服务活动							
妇幼保健院(所、站)							
专科疾病防治院(所、站)							
疾病预防控制中心							
其他卫生活动	3272.9	177.8	4267.0	1815.4	2451.6	4129.9	3028.0
社会工作							
提供住宿社会工作							
不提供住宿社会工作							

法人单位主要指标

营业税金及附加(万元)	销售费用、管理费用、财务费用合计(万元)	投资收益(万元)	营业利润(万元)	利润总额(万元)	应交所得税(万元)	应付职工薪酬(万元)	应交增值税(万元)	从业人员(人)
261.7	**2807.8**		**65.5**	**32.9**	**103.9**	**2558.3**		**1171**
25.5	672.3		16.9	12.2	4.7	734.5		379
236.2	2135.5		48.6	20.7	99.2	1823.8		792

工作企业法人单位主要指标

营业税金及附加(万元)	销售费用、管理费用、财务费用合计(万元)	投资收益(万元)	营业利润(万元)	利润总额(万元)	应交所得税(万元)	应付职工薪酬(万元)	应交增值税(万元)	从业人员(人)
107.2	**21336.6**		**337.4**	**521.9**	**347.1**	**104274.8**	**2.0**	**15862**
33.7	20361.2		307.9	488.4	313.7	102998.4	0.7	15452
73.5	975.4		29.5	33.5	33.4	1276.4	1.3	410

4-41 规模以上文化、体育和娱乐业

行　业	固定资产原价（万元）	本年折旧（万元）	资产总计（万元）	负债合计（万元）	所有者权益合计（万元）	营业收入（万元）	营业成本（万元）
总　计	**176634.8**	**8770.3**	**287911.0**	**134051.4**	**153859.6**	**157117.4**	**87810.2**
新闻和出版业	**120941.9**	**2661.9**	**216121.6**	**86861.1**	**129260.5**	**112364.5**	**66629.7**
新闻业							
出版业	120941.9	2661.9	216121.6	86861.1	129260.5	112364.5	66629.7
广播、电视、电影和音像业	**26727.7**	**3773.5**	**48065.9**	**29279.5**	**18786.4**	**33175.6**	**14849.9**
广播							
电视	17306.9	791.7	35843.9	22998.5	12845.4	10091.0	4928.5
电影和影视节目制作	1657.2	170.7	889.8	246.6	643.2	512.7	
电影和影视节目发行							
电影放映	7763.6	2811.1	11332.2	6034.4	5297.8	22571.9	9921.4
录音制作							
文化艺术业							
文艺创作与表演							
艺术表演场馆							
图书馆与档案馆							
文物及非物质文化遗产保护							
博物馆							
烈士陵园、纪念馆							
群众文化活动							
其他文化艺术业							
体育	**18346.9**	**968.1**	**16690.5**	**11490.3**	**5200.2**	**2937.7**	**582.4**
体育组织							
体育场馆							
休闲健身活动	18346.9	968.1	16690.5	11490.3	5200.2	2937.7	582.4
其他体育							
娱乐业	**10618.3**	**1366.8**	**7033.0**	**6420.5**	**612.5**	**8639.6**	**5748.2**
室内娱乐活动	667.0	29.3	968.4	988.1	-19.7	1776.1	940.0
游乐园	9951.3	1337.5	6064.6	5432.4	632.2	6863.5	4808.2
彩票活动							
文化、娱乐、体育经纪代理							
其他娱乐业							

企业法人单位主要指标

营业税金及附加（万元）	销售费用、管理费用、财务费用合计（万元）	投资收益（万元）	营业利润（万元）	利润总额（万元）	应交所得税（万元）	应付职工薪酬（万元）	应交增值税（万元）	从业人员（人）
4888.1	**52464.3**	**2349.5**	**15248.6**	**14101.0**	**2697.3**	**28405.0**	**1558.0**	**5224**
2461.3	**34166.0**	**2398.5**	**12907.1**	**10619.7**	**1515.9**	**19668.5**	**1273.5**	**3016**
2461.3	34166.0	2398.5	12907.1	10619.7	1515.9	19668.5	1273.5	3016
1774.6	**12893.7**	**-49.0**	**3603.7**	**4654.5**	**1091.5**	**5647.8**	**283.3**	**1609**
396.8	5095.8	-49.0	-379.1	503.4		3910.3	12.7	1283
16.9	630.9		-135.1	-135.2		176.2		152
1360.9	7167.0		4117.9	4286.3	1091.5	1561.3	270.6	174
193.7	**3524.0**		**-1362.2**	**-1292.0**		**1205.7**	**1.2**	**335**
193.7	3524.0		-1362.2	-1292.0		1205.7	1.2	335
458.5	**1880.6**		**100.0**	**118.8**	**89.9**	**1883.0**		**264**
217.9	94.9		71.0	81.4	61.0	445.7		100
240.6	1785.7		29.0	37.4	28.9	1437.3		164

第5篇

行政事业、社团及其他单位财务状况

5-1　服务业行政事业及非企业法人单位分行业主要指标

行　业	单位数(个)	年末资产(万元)	非企业单位支出(费用)(万元)	从业人员(人)
信息传输、软件和信息技术服务业	**128**	**25903.0**	**26753.6**	**3208**
电信、广播电视和卫星传输服务	83	22672.6	24499.6	2843
互联网和相关服务	9	350.0	189.2	35
软件和信息技术服务业	36	2880.4	2064.8	330
房地产	**135**	**49440.0**	**50629.5**	**3709**
物业管理	72	23254.1	7480.1	1724
房地产中介服务	12	5161.1	3617.6	331
自有房地产经营活动	5	810.1	1375.7	306
其他房地产业	46	20214.7	38156.0	1348
租赁和商务服务业	**1211**	**295041.2**	**177482.1**	**14110**
租赁业	154	10590.7	11445.6	2435
机械设备租赁	154	10590.7	11445.6	2435
文化及日用品出租				
商务服务业	1057	284450.5	166036.5	11675
企业管理服务	262	236180.3	48823.2	4910
法律服务	397	11114.9	22754.1	2369
咨询与调查	117	6057.5	6514.8	816
广告业	20	8512.2	7628.0	760
知识产权服务	7	2521.7	770.7	77
人力资源服务	136	8147.3	10327.2	1314
旅行社及相关服务	26	4539.3	4677.6	411
安全保护服务	17	747.5	2225.4	253
其他商务服务业	75	6629.8	62315.6	765
科学研究和技术服务业	**1715**	**963758.4**	**597963.9**	**41793**
研究和试验发展	206	377201.9	170944.7	9182
专业技术服务业	884	478401.2	323820.4	23138
科技推广和应用服务业	625	108155.4	103198.8	9473
水利、环境和公共设施管理业	**1074**	**950965.7**	**547459.7**	**54828**
水利管理业	510	350728.0	174340.0	11737
防洪除涝设施管理	152	81200.2	73248.2	3241
水资源管理	156	87203.5	56794.0	4609
天然水收集与分配	81	109026.8	21190.0	2020
水文服务	19	2569.8	1842.3	255
其他水利管理业	102	70727.7	21265.6	1612
生态保护和环境治理业	93	131472.9	41346.2	2714
生态保护	74	84231.3	35665.6	2296
环境治理业	19	47241.6	5680.7	418
公共设施管理业	471	468764.9	331773.4	40377
市政设施管理	122	201151.8	84754.1	6863
环境卫生管理	129	113475.7	153471.7	23605
城乡市容管理	46	12626.7	17243.2	3073
绿化管理	83	76676.9	47480.9	4013
公园和游览景区管理	91	64833.8	28823.4	2823
居民服务、修理和其他服务业	**401**	**185585.4**	**146896.2**	**8020**
居民服务业	346	162994.8	102370.6	5220
机动车、电子产品和日用产品修理业	16	5571.6	3279.9	517
其他服务业	39	17019.0	41245.6	2283

5-1 续表

行业	单位数(个)	年末资产(万元)	非企业单位支出(费用)(万元)	从业人员(人)
教育	**6837**	**10528992.5**	**4591548.3**	**436545**
学前教育	1155	135470.9	114223.9	17198
初等教育	1692	1259456.4	842899.5	119953
中等教育	1905	3217957.8	1688809.7	188079
高等教育	167	5350490.8	1572923.1	71984
特殊教育	102	72363.7	27359.4	2512
技能培训、教育辅助及其他教育	1816	493252.9	345332.7	36819
卫生和社会工作	**4870**	**6246363.2**	**4077953.2**	**215813**
卫生	3893	6034204.4	3964856.6	204443
医院	697	5363048.8	3397431.0	143535
社区医疗与卫生院	1378	376091.7	272636.3	35520
门诊部(所)	1047	39903.4	48651.1	4933
计划生育技术服务活动	259	13322.4	15967.4	1623
妇幼保健院(所、站)	115	62024.6	65570.4	5902
专科疾病防治院(所、站)	90	45436.6	30399.9	2594
疾病预防控制中心	184	82375.4	71350.4	6885
其他卫生活动	123	52001.4	62850.0	3451
社会工作	977	212158.8	113096.6	11370
提供住宿社会工作	770	165737.8	96016.3	9626
不提供住宿社会工作	207	46421.0	17080.3	1744
文化、体育和娱乐业	**1279**	**723615.4**	**412578.8**	**25175**
新闻和出版业	101	36484.1	43575.4	2613
新闻业	27	5932.8	11033.3	592
出版业	74	30551.3	32542.1	2021
广播、电视、电影和音像业	180	245809.2	185326.7	7207
文化艺术业	733	347244.7	145767.4	11629
文艺创作与表演	79	31279.7	19141.9	2528
艺术表演场馆	30	99534.7	48056.1	1339
图书馆与档案馆	154	43522.5	24812.4	2237
文物及非物质文化遗产保护	71	15559.9	6043.7	653
博物馆	83	86459.8	19656.9	1452
烈士陵园、纪念馆	29	15693.6	3569.7	374
群众文化活动	246	53360.3	20948.5	2736
其他文化艺术业	41	1834.3	3538.2	310
体育	124	27577.0	21637.8	2602
体育组织	63	17811.8	14681.6	1664
体育场馆	23	6243.5	3289.4	544
休闲健身活动	25	2337.6	1693.3	243
其他体育	13	1184.1	1973.5	151
娱乐业	141	66500.4	16271.5	1124
公共管理、社会保障和社会组织	**35125**	**13492818.5**	**10771441.5**	**725559**
中国共产党机关	1094	162566.7	233744.7	16805
国家机构	15373	10825838.7	9363256.6	527152
人民政协、民主党派	228	19042.0	38810.5	2989
社会保障	572	55814.3	154550.3	6943
群众团体、社会团体和其他成员组织	5995	906622.9	508376.0	90071
基层群众自治组织	11863	1522933.8	472703.5	81599

5−2　信息传输、软件和信息技术服务业行政事业及非企业法人单位分地区主要指标

地　区	单位数(个)	年末资产(万元)	非企业单位支出(费用)(万元)	从业人员(人)
全　省	**128**	**25903.0**	**26753.6**	**3208**
哈尔滨	26	4471.9	10580.3	474
齐齐哈尔	11	3517.3	1853.3	266
鸡　西	3	161.0	209.3	27
鹤　岗	8	2695.3	3257.9	630
双鸭山	7	2355.9	1202.9	124
大　庆	6	830.4	204.5	61
伊　春	8	2748.7	1795.0	468
佳木斯	8	924.7	681.3	109
七台河	1			17
牡丹江	13	2298.0	3150.8	307
黑　河	14	3469.1	1852.2	297
绥　化	6	584.5	607.8	180
大兴安岭	16	821.1	494.9	182
农垦总局	1	1025.0	863.5	66
绥芬河				
抚　远				

5−3　租赁和商务服务业行政事业及非企业法人单位分地区主要指标

地　区	单位数(个)	年末资产(万元)	非企业单位支出(费用)(万元)	从业人员(人)
全　省	**1211**	**295041.2**	**177482.1**	**14110**
哈尔滨	416	221077.2	99678.5	5612
齐齐哈尔	132	11447.4	5427.8	2261
鸡　西	38	672.2	12748.2	497
鹤　岗	22	1073.4	1257.9	202
双鸭山	71	4088.8	1707.8	587
大　庆	72	11558.0	4301.4	595
伊　春	26	1249.3	1529.1	204
佳木斯	57	1563.6	2089.9	465
七台河	27	267.0	554.1	130
牡丹江	146	22048.7	36557.8	2021
黑　河	44	1308.6	1088.1	391
绥　化	78	2654.4	7197.5	631
大兴安岭	42	14489.9	1187.3	244
农垦总局	30	703.5	1185.7	125
绥芬河	3	187.2	247.1	31
抚　远	7	651.8	723.8	114

5-4 科学研究和技术服务业行政事业及非企业法人单位分地区主要指标

地　区	单位数(个)	年末资产(万元)	非企业单位支出(费用)(万元)	从业人员(人)
全　省	**1715**	**963758.4**	**597963.9**	**41793**
哈尔滨	469	583115.4	344792.4	17777
齐齐哈尔	214	64905.7	34998.1	4798
鸡　西	78	23656.6	25116.7	1450
鹤　岗	41	5358.7	3805.4	582
双鸭山	94	5689.8	6741.1	1125
大　庆	97	32798.3	17127.8	1564
伊　春	52	9472.5	7959.6	989
佳木斯	78	37843.2	11556.7	1940
七台河	63	9824.1	11575.4	1314
牡丹江	142	48049.3	66832.3	3341
黑　河	87	14501.9	13407.1	1114
绥　化	154	39375.1	13771.7	2845
大兴安岭	79	19578.9	12493.1	1577
农垦总局	55	65520.9	26837.3	1248
绥芬河	6	2793.5	367.2	70
抚　远	6	1274.6	582.0	59

5-5 水利、环境和公共设施管理业行政事业及非企业法人单位分地区主要指标

地　区	单位数(个)	年末资产(万元)	非企业单位支出(费用)(万元)	从业人员(人)
全　省	**1074**	**950965.7**	**547459.7**	**54828**
哈尔滨	271	254602.7	223043.6	15087
齐齐哈尔	171	130325.3	60069.0	6069
鸡　西	88	136286.1	19846.0	3929
鹤　岗	31	17468.0	6311.0	1310
双鸭山	68	74645.7	19780.8	3155
大　庆	51	78145.2	60435.9	3503
伊　春	51	42858.2	22438.7	5784
佳木斯	78	25804.0	15495.2	3331
七台河	27	9845.2	7909.2	1181
牡丹江	69	38404.0	51710.5	2821
黑　河	51	74528.3	22384.8	1738
绥　化	56	13051.6	9349.6	2546
大兴安岭	33	19950.3	15474.9	2333
农垦总局	20	27663.7	8193.4	1353
绥芬河	5	6098.8	1134.6	183
抚　远	4	1288.7	3882.6	505

5-6　居民服务、修理和其他服务业行政事业及非企业法人单位分地区主要指标

地　区	单位数(个)	年末资产(万元)	非企业单位支出(费用)(万元)	从业人员(人)
全　省	**401**	**185585.4**	**146896.2**	**8020**
哈尔滨	124	60896.2	65616.6	3827
齐齐哈尔	40	14863.0	2949.4	404
鸡　西	15	2895.7	1404.2	218
鹤　岗	12	2241.7	1855.7	214
双鸭山	14	5115.1	1767.6	258
大　庆	41	49495.2	33324.3	674
伊　春	9	2767.6	1601.2	119
佳木斯	23	6268.1	2239.5	254
七台河	25	2972.5	1248.8	421
牡丹江	28	14267.3	27977.9	590
黑　河	10	7878.1	1382.9	182
绥　化	36	8549.0	2572.2	545
大兴安岭	16	2665.4	848.8	190
农垦总局	7	2209.5	1776.0	109
绥芬河				
抚　远	1	2500.8	331.0	15

5-7　教育行政事业及非企业法人单位分地区主要指标

地　区	单位数(个)	年末资产(万元)	非企业单位支出(费用)(万元)	从业人员(人)
全　省	**6837**	**10528992.5**	**4591548.3**	**436545**
哈尔滨	2078	5261966.1	2184268.9	147191
齐齐哈尔	621	603306.8	256269.0	47634
鸡　西	269	409515.4	143909.4	16153
鹤　岗	189	94679.0	50504.3	9932
双鸭山	251	64089.4	77701.9	11807
大　庆	711	1460374.9	562945.0	40973
伊　春	178	131863.5	74089.5	12630
佳木斯	500	732905.6	231315.9	26807
七台河	142	81799.3	58097.8	7940
牡丹江	572	271007.1	375832.3	29849
黑　河	285	306558.6	128384.4	14454
绥　化	695	703871.1	218472.2	43905
大兴安岭	149	58008.3	48205.1	6725
农垦总局	139	319521.1	163437.8	18089
绥芬河	31	7122.1	6750.1	1098
抚　远	27	22404.1	11364.7	1358

5-8 卫生和社会工作行政事业及非企业法人单位分地区主要指标

地　　区	单位数(个)	年末资产(万元)	非企业单位支出(费用)(万元)	从业人员(人)
全　　省	**4870**	**6246363.2**	**4077953.2**	**215813**
哈 尔 滨	1020	3593517.9	2273616.5	66288
齐齐哈尔	608	500585.1	237137.6	26846
鸡　　西	284	190331.1	123910.4	9369
鹤　　岗	104	78865.1	46466.8	5123
双 鸭 山	177	69324.5	53338.9	5080
大　　庆	305	179873.8	177728.8	12925
伊　　春	162	93667.2	62594.3	7578
佳 木 斯	290	160592.1	109442.3	15384
七 台 河	95	48038.8	26090.1	4090
牡 丹 江	814	684599.4	442354.7	21098
黑　　河	269	92789.2	85244.6	7403
绥　　化	505	267705.6	207681.0	18763
大兴安岭	98	44185.3	42750.6	3852
农垦总局	112	231990.7	177187.1	10969
绥 芬 河	14	3227.1	2390.3	378
抚　　远	13	7070.6	10019.1	667

5-9 文化、体育和娱乐业行政事业及非企业法人单位分地区主要指标

地　　区	单位数(个)	年末资产(万元)	非企业单位支出(费用)(万元)	从业人员(人)
全　　省	**1279**	**723615.4**	**412578.8**	**25175**
哈 尔 滨	291	362261.5	242168.9	9164
齐齐哈尔	181	34513.4	12854.1	2389
鸡　　西	85	11212.2	7733.4	1563
鹤　　岗	25	10385.3	4637.6	727
双 鸭 山	86	18328.2	6473.2	1277
大　　庆	48	15773.9	7410.8	868
伊　　春	80	11822.7	4999.7	870
佳 木 斯	53	11693.2	8895.6	914
七 台 河	39	9930.1	10112.6	685
牡 丹 江	74	22181.0	16984.8	1455
黑　　河	70	103629.3	38300.8	1187
绥　　化	127	85364.5	22327.0	2450
大兴安岭	90	8608.4	10382.7	890
农垦总局	17	16516.2	17120.6	479
绥 芬 河	6	388.0	378.4	66
抚　　远	7	1007.7	1798.6	191

5-10　公共管理、社会保障和社会组织行政事业及非企业业法人单位分地区主要指标

地　区	单位数(个)	年末资产(万元)	非企业单位支出(费用)(万元)	从业人员(人)
全　省	**35125**	**13492818.5**	**10771441.5**	**725559**
哈尔滨	7534	5289051.0	4940424.6	186358
齐齐哈尔	3939	818514.1	439884.6	64845
鸡　西	1811	938962.4	1097634.7	33454
鹤　岗	1212	217958.0	174126.7	19855
双鸭山	2080	254906.5	205034.4	32833
大　庆	2063	1052801.3	693841.5	52212
伊　春	1836	295090.5	207228.0	34669
佳木斯	2900	560708.3	420867.7	53024
七台河	982	239745.8	241355.7	20894
牡丹江	2843	1613679.3	855201.0	60512
黑　河	2174	545347.8	443728.5	45955
绥　化	3961	1015336.5	652130.6	83830
大兴安岭	1157	200555.7	126586.9	16824
农垦总局	233	319900.6	159704.8	13203
绥芬河	191	38977.6	22414.8	2907
抚　远	209	91283.0	91277.0	4184

第6篇

企业信息化和电子商务交易情况

6-1　分行业企业使用计算机情况

行　业	企业数（个）	使用计算机的企业		期末在用计算机数（台）	每百人拥有计算机数（台）
		数量	比重（%）		
总　计	**11529**	**11369**	**98.6**	**447902**	**19.4**
采矿业	**337**	**328**	**97.3**	**54957**	**13.6**
煤炭开采和洗选业	244	236	96.7	17862	6.7
石油和天然气开采业	4	4	100.0	33038	28.9
黑色金属矿采选业	17	17	100.0	263	6.8
有色金属矿采选业	14	14	100.0	356	9.8
非金属矿采选业	43	42	97.7	352	7.8
开采辅助活动	15	15	100.0	3086	27.3
其他采矿业					
制造业	**3654**	**3623**	**99.2**	**134282**	**17.0**
农副食品加工业	982	976	99.4	14875	10.6
食品制造业	167	166	99.4	7084	16.2
酒、饮料和精制茶制造业	161	158	98.1	5599	16.6
烟草制品业	4	4	100.0	988	16.8
纺织业	52	52	100.0	896	3.1
纺织服装、服饰业	18	18	100.0	157	5.5
皮革、毛皮、羽毛及其制品和制鞋业	22	22	100.0	150	8.0
木材加工和木、竹、藤、棕、草制品业	266	265	99.6	2099	5.3
家具制造业	67	66	98.5	1507	8.9
造纸和纸制品业	55	55	100.0	1201	10.4
印刷和记录媒介复制业	36	36	100.0	975	20.2
文教、工美、体育和娱乐用品制造业	43	42	97.7	298	4.1
石油加工、炼焦和核燃料加工业	56	55	98.2	15026	27.2
化学原料和化学制品制造业	217	216	99.5	6479	16.9
医药制造业	114	114	100.0	11833	22.3
化学纤维制造业	4	4	100.0	114	16.6
橡胶和塑料制品业	138	135	97.8	2439	12.5
非金属矿物制品业	383	374	97.7	5520	10.3
黑色金属冶炼和压延加工业	57	56	98.2	3844	12.9
有色金属冶炼和压延加工业	13	13	100.0	1310	15.8
金属制品业	1	1	100.0	46	12.7
通用设备制造业	135	135	100.0	2583	16.9
专用设备制造业	200	198	99.0	14411	28.8
汽车制造业	220	219	99.5	11288	23.4
铁路、船舶、航空航天和其他运输设备制造业	54	54	100.0	5116	28.3
电气机械和器材制造业	28	28	100.0	5219	27.6
计算机、通信和其他电子设备制造业	98	98	100.0	9061	32.1
仪器仪表制造业	20	20	100.0	1663	41.6
其他制造业	22	22	100.0	1538	28.8
废弃资源综合利用业	14	14	100.0	689	16.6
金属制品、机械和设备修理业	3	3	100.0	46	11.9
电力、热力、燃气及水生产和供应业	**5**	**5**	**100.0**	**274**	**23.5**
电力、热力生产和供应业	292	292	100.0	71965	49.8
燃气生产和供应业	260	260	100.0	69475	52.7
水的生产和供应业	17	17	100.0	1796	32.5
建筑业	**15**	**15**	**100.0**	**694**	**9.7**
房屋建筑业	2374	2318	97.6	39457	6.9
土木工程建筑业	1105	1086	98.3	13633	3.8
建筑安装业	411	400	97.3	14031	10.2
建筑装饰和其他建筑业	412	401	97.3	7265	18.8

6-1 续表

行　业	企业数(个)	使用计算机的企业		期末在用计算机数(台)	每百人拥有计算机数(台)
		数量	比重(%)		
批发和零售业	**446**	**431**	**96.6**	**4528**	**13.1**
批发业	1989	1955	98.3	46772	32.0
零售业	822	811	98.7	18860	39.4
交通运输、仓储和邮政业	**1167**	**1144**	**98.0**	**27912**	**28.4**
铁路运输业	265	261	98.5	15456	24.4
道路运输业					
水上运输业	114	112	98.2	3011	10.9
航空运输业	4	4	100.0	80	11.2
管道运输业	2	2	100.0	1076	34.3
装卸搬运和运输代理业					
仓储业	12	11	91.7	141	11.1
邮政业	116	115	99.1	1724	20.0
住宿和餐饮业	**17**	**17**	**100.0**	**9424**	**42.8**
住宿业	424	417	98.3	7823	21.3
餐饮业	225	224	99.6	5116	24.0
信息传输、软件和信息技术服务业	**199**	**193**	**97.0**	**2707**	**17.7**
电信、广播电视和卫星传输服务	76	76	100.0	42047	105.0
互联网和相关服务	56	56	100.0	39392	103.7
软件和信息技术服务业	1	1	100.0	150	108.7
房地产业	**19**	**19**	**100.0**	**2505**	**129.7**
房地产业	1900	1882	99.1	20112	33.6
租赁和商务服务业	**1900**	**1882**	**99.1**	**20112**	**33.6**
租赁业	85	85	100.0	2920	16.2
商务服务业	2	2	100.0	46	18.9
科学研究和技术服务业	**83**	**83**	**100.0**	**2874**	**16.2**
研究和试验发展	33	33	100.0	3731	87.9
专业技术服务业					
科技推广和应用服务业	32	32	100.0	3721	88.9
水利、环境和公共设施管理业	**1**	**1**	**100.0**	**10**	**16.9**
水利管理业	11	11	100.0	314	16.3
生态保护和环境治理业	1	1	100.0	6	1.2
公共设施管理业	3	3	100.0	139	54.5
居民服务、修理和其他服务业	**7**	**7**	**100.0**	**169**	**14.2**
居民服务业	11	11	100.0	175	28.5
机动车、电子产品和日用产品修理业	4	4	100.0	133	30.4
其他服务业	4	3	75.0	31	10.0
教育	**9**	**9**	**100.0**	**598**	**55.9**
教育	9	9	100.0	598	55.9
卫生和社会工作	**42**	**42**	**100.0**	**4765**	**30.8**
卫生	42	42	100.0	4765	30.8
社会工作					
文化、体育和娱乐业	**19**	**19**	**100.0**	**2364**	**53.7**
新闻和出版业	6	6	100.0	914	40.6
广播、电视、电影和影视录音制作业	5	5	100.0	1326	87.6
文化艺术业					
体育	5	5	100.0	77	21.0
娱乐业	3	3	100.0	47	17.2

6-2　分地区企业使用计算机情况

地区	企业数(个)	使用计算机的企业		期末在用计算机数(台)	每百人拥有计算机数(台)
		数量	比重(%)		
全　省	**11529**	**11369**	**98.6**	**447902**	**19.4**
哈尔滨	**4507**	**4418**	**98.0**	**174195**	**25.1**
齐齐哈尔	750	745	99.3	29747	18.4
鸡　西	432	430	99.5	15725	14.2
鹤　岗	387	381	98.4	10587	10.0
双鸭山	380	364	95.8	10062	9.4
大　庆	1256	1241	98.8	108189	30.1
伊　春	296	296	100.0	5742	10.6
佳木斯	602	595	98.8	14179	12.4
七台河	220	218	99.1	10646	11.0
牡丹江	1140	1137	99.7	24269	12.5
黑　河	273	271	99.3	6162	17.9
绥　化	728	719	98.8	18454	11.9
大兴安岭	113	112	99.1	4803	22.7
农垦总局	292	291	99.7	13805	15.2
绥芬河	134	132	98.5	1180	25.6
抚　远	19	19	100.0	157	14.9

6-3 分行业企业

行业	企业数（个）	使用信息化管理的企业数		财务管理		购销存管理	
		数量	比重（%）	数量	占使用信息化管理企业比重（%）	数量	占使用信息化管理企业比重（%）
总　计	**11529**	**10845**	**94.1**	**8981**	**82.8**	**3847**	**35.5**
采矿业	**337**	**306**	**90.8**	**272**	**88.9**	**111**	**36.3**
煤炭开采和洗选业	244	216	88.5	197	91.2	79	36.6
石油和天然气开采业	4	4	100.0	4	100.0	2	50.0
黑色金属矿采选业	17	17	100.0	15	88.2	7	41.2
有色金属矿采选业	14	13	92.9	11	84.6	5	38.5
非金属矿采选业	43	41	95.3	30	73.2	10	24.4
开采辅助活动	15	15	100.0	15	100.0	8	53.3
其他采矿业							
制造业	**3654**	**3386**	**92.7**	**2967**	**87.6**	**1594**	**47.1**
农副食品加工业	982	917	93.4	789	86.0	409	44.6
食品制造业	167	154	92.2	140	90.9	96	62.3
酒、饮料和精制茶制造业	161	154	95.7	130	84.4	91	59.1
烟草制品业	4	4	100.0	4	100.0	3	75.0
纺织业	52	50	96.2	41	82.0	26	52.0
纺织服装、服饰业	18	18	100.0	16	88.9	7	38.9
皮革、毛皮、羽毛及其制品和制鞋业	22	21	95.5	21	100.0	15	71.4
木材加工和木、竹、藤、棕、草制品业	266	234	88.0	204	87.2	91	38.9
家具制造业	67	60	89.6	50	83.3	26	43.3
造纸和纸制品业	55	51	92.7	44	86.3	21	41.2
印刷和记录媒介复制业	36	35	97.2	26	74.3	14	40.0
文教、工美、体育和娱乐用品制造业	43	38	88.4	33	86.8	8	21.1
石油加工、炼焦和核燃料加工业	56	54	96.4	52	96.3	32	59.3
化学原料和化学制品制造业	217	197	90.8	180	91.4	102	51.8
医药制造业	114	107	93.9	96	89.7	68	63.6
化学纤维制造业	4	4	100.0	4	100.0	3	75.0
橡胶和塑料制品业	138	124	89.9	107	86.3	54	43.5
非金属矿物制品业	383	360	94.0	316	87.8	157	43.6
黑色金属冶炼和压延加工业	57	49	86.0	41	83.7	21	42.9
有色金属冶炼和压延加工业	13	13	100.0	13	100.0	7	53.8
金属制品业	135	121	89.6	103	85.1	50	41.3
通用设备制造业	200	185	92.5	164	88.6	86	46.5
专用设备制造业	220	203	92.3	179	88.2	86	42.4
汽车制造业	54	53	98.1	50	94.3	33	62.3
铁路、船舶、航空航天和其他运输设备制造业	28	27	96.4	25	92.6	15	55.6
电气机械和器材制造业	98	93	94.9	83	89.2	43	46.2
计算机、通信和其他电子设备制造业	20	19	95.0	19	100.0	11	57.9
仪器仪表制造业	22	21	95.5	21	100.0	13	61.9
其他制造业	14	14	100.0	11	78.6	5	35.7
废弃资源综合利用业	3	2	66.7	1	50.0	1	50.0
金属制品、机械和设备修理业	5	4	80.0	4	100.0		
电力、热力、燃气及水生产和供应业	**292**	**284**	**97.3**	**258**	**90.8**	**122**	**43.0**
电力、热力生产和供应业	260	253	97.3	229	90.5	108	42.7
燃气生产和供应业	17	16	94.1	15	93.8	11	68.8
水的生产和供应业	15	15	100.0	14	93.3	3	20.0
建筑业	**2374**	**2321**	**97.8**	**1759**	**75.8**	**289**	**12.5**
房屋建筑业	1105	1082	97.9	806	74.5	122	11.3
土木工程建筑业	411	407	99.0	319	78.4	54	13.3
建筑安装业	412	400	97.1	307	76.8	70	17.5
建筑装饰和其他建筑业	446	432	96.9	327	75.7	43	10.0

信息化管理情况

生产制造管理		物流配送管理		客户关系管理		人力资源管理		其他	
数量	占使用信息化管理企业比重(%)	数量	占使用信息化管理企业比重(%)	数量	占使用信息化管理企业比重(%)	数量	占使用信息化管理企业比重(%)	数量	占使用信息化管理企业比重(%)
1736	**16.0**	**801**	**7.4**	**2292**	**21.1**	**3243**	**29.9**	**2954**	**27.2**
55	**18.0**	**20**	**6.5**	**42**	**13.7**	**75**	**24.5**	**72**	**23.5**
34	15.7	16	7.4	18	8.3	48	22.2	49	22.7
3	75.0			2	50.0	2	50.0	1	25.0
7	41.2			4	23.5	4	23.5	2	11.8
6	46.2			3	23.1	4	30.8	2	15.4
5	12.2	4	9.8	12	29.3	7	17.1	13	31.7
				3	20.0	10	66.7	5	33.3
1099	**32.5**	**439**	**13.0**	**929**	**27.4**	**1034**	**30.5**	**650**	**19.2**
260	28.4	105	11.5	259	28.2	209	22.8	169	18.4
65	42.2	51	33.1	62	40.3	68	44.2	31	20.1
62	40.3	31	20.1	53	34.4	64	41.6	36	23.4
1	25.0	1	25.0	2	50.0	3	75.0	2	50.0
13	26.0	4	8.0	16	32.0	12	24.0	7	14.0
7	38.9			5	27.8	6	33.3	3	16.7
9	42.9	4	19.0	5	23.8	8	38.1	4	19.0
66	28.2	22	9.4	65	27.8	55	23.5	54	23.1
22	36.7	10	16.7	15	25.0	15	25.0	14	23.3
17	33.3	7	13.7	12	23.5	13	25.5	9	17.6
15	42.9	3	8.6	11	31.4	12	34.3	6	17.1
8	21.1	2	5.3	5	13.2	5	13.2	9	23.7
25	46.3	8	14.8	13	24.1	31	57.4	10	18.5
60	30.5	30	15.2	66	33.5	76	38.6	32	16.2
40	37.4	24	22.4	30	28.0	39	36.4	21	19.6
1	25.0			1	25.0	2	50.0	1	25.0
35	28.2	19	15.3	31	25.0	33	26.6	24	19.4
113	31.4	28	7.8	68	18.9	99	27.5	69	19.2
16	32.7	4	8.2	11	22.4	12	24.5	6	12.2
5	38.5			2	15.4	7	53.8	1	7.7
23	19.0	5	4.1	25	20.7	27	22.3	31	25.6
69	37.3	25	13.5	52	28.1	68	36.8	29	15.7
74	36.5	23	11.3	60	29.6	80	39.4	35	17.2
24	45.3	13	24.5	18	34.0	21	39.6	7	13.2
14	51.9	3	11.1	4	14.8	14	51.9	7	25.9
32	34.4	10	10.8	19	20.4	30	32.3	18	19.4
7	36.8	1	5.3	5	26.3	8	42.1	3	15.8
9	42.9	5	23.8	10	47.6	10	47.6	5	23.8
4	28.6			3	21.4	4	28.6	3	21.4
1	50.0	1	50.0	1	50.0	1	50.0	1	50.0
2	50.0					2	50.0	3	75.0
105	**37.0**	**20**	**7.0**	**51**	**18.0**	**161**	**56.7**	**52**	**18.3**
98	38.7	18	7.1	42	16.6	144	56.9	46	18.2
4	25.0	2	12.5	6	37.5	11	68.8	3	18.8
3	20.0			3	20.0	6	40.0	3	20.0
241	**10.4**	**40**	**1.7**	**258**	**11.1**	**641**	**27.6**	**929**	**40.0**
135	12.5	13	1.2	102	9.4	325	30.0	450	41.6
37	9.1	11	2.7	52	12.8	120	29.5	162	39.8
42	10.5	9	2.3	52	13.0	101	25.3	151	37.8
27	6.3	7	1.6	52	12.0	95	22.0	166	38.4

6-3 续表

行业	企业数(个)	使用信息化管理的企业数		财务管理		购销存管理	
		数量	比重(%)	数量	占使用信息化管理企业比重(%)	数量	占使用信息化管理企业比重(%)
批发和零售业	**1989**	**1783**	**89.6**	**1518**	**85.1**	**1045**	**58.6**
批发业	822	737	89.7	646	87.7	401	54.4
零售业	1167	1046	89.6	872	83.4	644	61.6
交通运输、仓储和邮政业	**265**	**258**	**97.4**	**225**	**87.2**	**99**	**38.4**
铁路运输业							
道路运输业	114	112	98.2	88	78.6	15	13.4
水上运输业	4	4	100.0	4	100.0	2	50.0
航空运输业	2	2	100.0	2	100.0		
管道运输业							
装卸搬运和运输代理业	12	11	91.7	11	100.0	1	9.1
仓储业	116	112	96.6	104	92.9	73	65.2
邮政业	17	17	100.0	16	94.1	8	47.1
住宿和餐饮业	**424**	**381**	**89.9**	**305**	**80.1**	**146**	**38.3**
住宿业	225	210	93.3	176	83.8	86	41.0
餐饮业	199	171	85.9	129	75.4	60	35.1
信息传输、软件和信息技术服务业	**76**	**76**	**100.0**	**75**	**98.7**	**35**	**46.1**
电信、广播电视和卫星传输服务	56	56	100.0	56	100.0	30	53.6
互联网和相关服务	1	1	100.0	1	100.0		
软件和信息技术服务业	19	19	100.0	18	94.7	5	26.3
房地产业	**1900**	**1837**	**96.7**	**1430**	**77.8**	**353**	**19.2**
房地产业	1900	1837	96.7	1430	77.8	353	19.2
租赁和商务服务业	**85**	**83**	**97.6**	**69**	**83.1**	**10**	**12.0**
租赁业	2	2	100.0	2	100.0		
商务服务业	83	81	97.6	67	82.7	10	12.3
科学研究和技术服务业	**33**	**31**	**93.9**	**25**	**80.6**	**4**	**12.9**
研究和试验发展							
专业技术服务业	32	30	93.8	25	83.3	4	13.3
科技推广和应用服务业	1	1	100.0				
水利、环境和公共设施管理业	**11**	**11**	**100.0**	**9**	**81.8**	**1**	**9.1**
水利管理业	1	1	100.0	1	100.0		
生态保护和环境治理业	3	3	100.0	2	66.7	1	33.3
公共设施管理业	7	7	100.0	6	85.7		
居民服务、修理和其他服务业	**19**	**18**	**94.7**	**13**	**72.2**	**5**	**27.8**
居民服务业	11	11	100.0	7	63.6	1	9.1
机动车、电子产品和日用产品修理业	4	4	100.0	4	100.0	4	100.0
其他服务业	4	3	75.0	2	66.7		
教育	**9**	**9**	**100.0**	**5**	**55.6**		
教育	9	9	100.0	5	55.6		
卫生和社会工作	**42**	**42**	**100.0**	**34**	**81.0**	**25**	**59.5**
卫生	42	42	100.0	34	81.0	25	59.5
社会工作							
文化、体育和娱乐业	**19**	**19**	**100.0**	**17**	**89.5**	**8**	**42.1**
新闻和出版业	6	6	100.0	5	83.3	2	33.3
广播、电视、电影和影视录音制作业	5	5	100.0	4	80.0	3	60.0
文化艺术业							
体育	5	5	100.0	5	100.0	2	40.0
娱乐业	3	3	100.0	3	100.0	1	33.3

生产制造管理		物流配送管理		客户关系管理		人力资源管理		其他	
数量	占使用信息化管理企业比重(%)	数量	占使用信息化管理企业比重(%)	数量	占使用信息化管理企业比重(%)	数量	占使用信息化管理企业比重(%)	数量	占使用信息化管理企业比重(%)
71	**4.0**	**206**	**11.6**	**434**	**24.3**	**472**	**26.5**	**333**	**18.7**
35	4.7	93	12.6	159	21.6	188	25.5	131	17.8
36	3.4	113	10.8	275	26.3	284	27.2	202	19.3
19	**7.4**	**33**	**12.8**	**32**	**12.4**	**81**	**31.4**	**74**	**28.7**
9	8.0	20	17.9	11	9.8	30	26.8	40	35.7
		1	25.0			2	50.0		
						1	50.0	2	100.0
1	9.1	3	27.3	3	27.3	5	45.5	3	27.3
8	7.1			10	8.9	31	27.7	24	21.4
1	5.9	9	52.9	8	47.1	12	70.6	5	29.4
14	**3.7**	**13**	**3.4**	**101**	**26.5**	**125**	**32.8**	**99**	**26.0**
7	3.3	6	2.9	69	32.9	85	40.5	61	29.0
7	4.1	7	4.1	32	18.7	40	23.4	38	22.2
13	**17.1**	**9**	**11.8**	**36**	**47.4**	**50**	**65.8**	**22**	**28.9**
9	16.1	9	16.1	31	55.4	41	73.2	18	32.1
				1	100.0	1	100.0	1	100.0
4	21.1			4	21.1	8	42.1	3	15.8
106	**5.8**	**16**	**0.9**	**367**	**20.0**	**507**	**27.6**	**655**	**35.7**
106	5.8	16	0.9	367	20.0	507	27.6	655	35.7
1	**1.2**	**1**	**1.2**	**17**	**20.5**	**37**	**44.6**	**22**	**26.5**
						1	50.0	1	50.0
1	1.2	1	1.2	17	21.0	36	44.4	21	25.9
3	**9.7**			**4**	**12.9**	**13**	**41.9**	**8**	**25.8**
3	10.0			3	10.0	12	40.0	8	26.7
				1	100.0	1	100.0		
				1	**9.1**	**5**	**45.5**	**4**	**36.4**
						2	66.7		
				1	14.3	3	42.9	4	57.1
3	**16.7**			**6**	**33.3**	**3**	**16.7**	**3**	**16.7**
				3	27.3	1	9.1	2	18.2
3	75.0			3	75.0	2	50.0		
								1	33.3
				2	**22.2**	**3**	**33.3**	**6**	**66.7**
				2	22.2	3	33.3	6	66.7
4	**9.5**	**1**	**2.4**	**6**	**14.3**	**26**	**61.9**	**17**	**40.5**
4	9.5	1	2.4	6	14.3	26	61.9	17	40.5
2	**10.5**	**3**	**15.8**	**6**	**31.6**	**10**	**52.6**	**8**	**42.1**
2	33.3	2	33.3	1	16.7	3	50.0	1	16.7
		1	20.0	1	20.0	3	60.0	2	40.0
				4	80.0	3	60.0	3	60.0
						1	33.3	2	66.7

6–4 分地区企业

地区	企业数(个)	使用信息化管理的企业数		财务管理		购销存管理	
		数量	比重(%)	数量	占使用信息化管理企业比重(%)	数量	占使用信息化管理企业比重(%)
全　省	**11529**	**10845**	**94.1**	**8981**	**82.8**	**3847**	**35.5**
哈尔滨	**4507**	**4263**	**94.6**	**3582**	**84.0**	**1460**	**34.2**
齐齐哈尔	750	693	92.4	561	81.0	259	37.4
鸡　西	433	409	94.5	307	75.1	129	31.5
鹤　岗	389	359	92.3	292	81.3	89	24.8
双鸭山	381	344	90.3	289	84.0	134	39.0
大　庆	1256	1185	94.3	1073	90.5	454	38.3
伊　春	296	275	92.9	210	76.4	86	31.3
佳木斯	602	555	92.2	422	76.0	179	32.3
七台河	220	213	96.8	187	87.8	93	43.7
牡丹江	1140	1098	96.3	850	77.4	386	35.2
黑　河	273	258	94.5	195	75.6	91	35.3
绥　化	728	677	93.0	555	82.0	279	41.2
大兴安岭	113	102	90.3	81	79.4	41	40.2
农垦总局	287	278	96.9	263	94.6	122	43.9
绥芬河	134	117	87.3	102	87.2	41	35.0
抚　远	20	19	95.0	12	63.2	4	21.1

信息化管理情况

生产制造管理		物流配送管理		客户关系管理		人力资源管理		其他	
数量	占使用信息化管理企业比重(%)	数量	占使用信息化管理企业比重(%)	数量	占使用信息化管理企业比重(%)	数量	占使用信息化管理企业比重(%)	数量	占使用信息化管理企业比重(%)
1736	**16.0**	**801**	**7.4**	**2292**	**21.1**	**3243**	**29.9**	**2954**	**27.2**
625	**14.7**	**312**	**7.3**	**840**	**19.7**	**1278**	**30.0**	**1139**	**26.7**
127	18.3	53	7.6	150	21.6	246	35.5	198	28.6
58	14.2	18	4.4	72	17.6	100	24.4	125	30.6
42	11.7	16	4.5	50	13.9	75	20.9	111	30.9
51	14.8	23	6.7	55	16.0	95	27.6	98	28.5
189	15.9	69	5.8	245	20.7	437	36.9	236	19.9
40	14.5	21	7.6	53	19.3	70	25.5	89	32.4
103	18.6	40	7.2	122	22.0	167	30.1	175	31.5
40	18.8	16	7.5	39	18.3	66	31.0	50	23.5
205	18.7	96	8.7	281	25.6	272	24.8	354	32.2
36	14.0	21	8.1	62	24.0	87	33.7	83	32.2
126	18.6	68	10.0	189	27.9	209	30.9	172	25.4
20	19.6	9	8.8	21	20.6	37	36.3	31	30.4
60	21.6	34	12.2	79	28.4	78	28.1	61	21.9
9	7.7	5	4.3	31	26.5	24	20.5	29	24.8
5	26.3			3	15.8	2	10.5	3	15.8

6-5 分行业企业使用网络情况

行业	企业数（个）	使用局域网的企业		使用互联网的企业		宽带接入		窄带接入	
		数量	比重（%）	数量	比重（%）	数量	占接入互联网企业比重（%）	数量	占接入互联网企业比重（%）
总　计	**11529**	**5796**	**50.3**	**11027**	**95.6**	**10243**	**92.9**	**490**	**4.4**
采矿业	**337**	**152**	**45.1**	**301**	**89.3**	**278**	**92.4**	**18**	**6.0**
煤炭开采和洗选业	244	100	41.0	210	86.1	193	91.9	14	6.7
石油和天然气开采业	4	3	75.0	4	100.0	4	100.0		
黑色金属矿采选业	17	8	47.1	17	100.0	16	94.1	1	5.9
有色金属矿采选业	14	7	50.0	13	92.9	12	92.3	1	7.7
非金属矿采选业	43	22	51.2	42	97.7	40	95.2	1	2.4
开采辅助活动	15	12	80.0	15	100.0	13	86.7	1	6.7
其他采矿业	3654	1962	53.7	3555	97.3				
制造业	**982**	**491**	**50.0**	**959**	**97.7**	**3183**	**89.5**	**248**	**7.0**
农副食品加工业	167	112	67.1	166	99.4	816	85.1	118	12.3
食品制造业	161	89	55.3	158	98.1	151	91.0	5	3.0
酒、饮料和精制茶制造业	4	3	75.0	4	100.0	149	94.3	7	4.4
烟草制品业	52	30	57.7	51	98.1	4	100.0		
纺织业	18	10	55.6	18	100.0	50	98.0		
纺织服装、服饰业	22	11	50.0	22	100.0	16	88.9		
皮革、毛皮、羽毛及其制品和制鞋业	266	85	32.0	262	98.5	22	100.0		
木材加工和木、竹、藤、棕、草制品业	67	39	58.2	65	97.0	249	95.0	13	5.0
家具制造业	55	35	63.6	53	96.4	63	96.9	1	1.5
造纸和纸制品业	36	31	86.1	36	100.0	46	86.8	2	3.8
印刷和记录媒介复制业	43	14	32.6	40	93.0	35	97.2		
文教、工美、体育和娱乐用品制造业	56	38	67.9	52	92.9	38	95.0	1	2.5
石油加工、炼焦和核燃料加工业	217	128	59.0	212	97.7	49	94.2		
化学原料和化学制品制造业	114	79	69.3	113	99.1	186	87.7	17	8.0
医药制造业	4	4	100.0	4	100.0	103	91.2	4	3.5
化学纤维制造业	138	71	51.4	132	95.7	4	100.0		
橡胶和塑料制品业	383	184	48.0	359	93.7	120	90.9	7	5.3
非金属矿物制品业	57	22	38.6	55	96.5	323	90.0	18	5.0
黑色金属冶炼和压延加工业	13	9	69.2	13	100.0	49	89.1	5	9.1
有色金属冶炼和压延加工业	135	61	45.2	134	99.3	12	92.3		
金属制品业	200	117	58.5	193	96.5	117	87.3	9	6.7
通用设备制造业	220	128	58.2	215	97.7	175	90.7	13	6.7
专用设备制造业	54	42	77.8	53	98.1	191	88.8	13	6.0
汽车制造业	28	21	75.0	27	96.4	47	88.7	4	7.5
铁路、船舶、航空航天和其他运输设备制造业	98	55	56.1	95	96.9	26	96.3	2	7.4
电气机械和器材制造业	20	20	100.0	20	100.0	84	88.4	7	7.4
计算机、通信和其他电子设备制造业	22	18	81.8	22	100.0	18	90.0	1	5.0
仪器仪表制造业	14	9	64.3	14	100.0	21	95.5		
其他制造业	3	2	66.7	3	100.0	12	85.7	1	7.1
废弃资源综合利用业	5	4	80.0	5	100.0	2	66.7		
金属制品、机械和设备修理业	292	227	77.7	285	97.6	5	100.0		
电力、热力、燃气及水生产和供应业	**260**	**207**	**79.6**	**254**	**97.7**	**261**	**91.6**	**8**	**2.8**
电力、热力生产和供应业	17	13	76.5	17	100.0	233	91.7	7	2.8
燃气生产和供应业	15	7	46.7	14	93.3	16	94.1	1	5.9
水的生产和供应业	2374	999	42.1	2220	93.5	12	85.7		
建筑业	**1105**	**437**	**39.5**	**1037**	**93.8**	**2115**	**95.3**	**82**	**3.7**
房屋建筑业	411	185	45.0	387	94.2	1000	96.4	35	3.4
土木工程建筑业	225	104	46.2	211	93.8	367	94.8	11	2.8
建筑安装业	412	191	46.4	382	92.7	358	93.7	11	2.9
建筑装饰和其他建筑业	446	186	41.7	414	92.8	390	94.2	25	6.0

6-5　续表

行　　业	企业数(个)	使用局域网的企业		使用互联网的企业		宽带接入		窄带接入	
		数量	比重(%)	数量	比重(%)	数量	占接入互联网企业比重(%)	数量	占接入互联网企业比重(%)
批发和零售业	**1989**	**942**	**47.4**	**1870**	**94.0**	**1733**	**92.7**	**50**	**2.7**
批发业	822	412	50.1	784	95.4	719	91.7	24	3.1
零售业	1167	530	45.4	1086	93.1	1014	93.4	26	2.4
交通运输、仓储和邮政业	**265**	**185**	**69.8**	**257**	**97.0**	**248**	**96.5**	**8**	**3.1**
铁路运输业									
道路运输业	114	72	63.2	110	96.5	105	95.5	2	1.8
水上运输业	4	4	100.0	4	100.0	4	100.0	1	25.0
航空运输业	2	2	100.0	2	100.0	2	100.0	1	50.0
管道运输业									
装卸搬运和运输代理业	12	6	50.0	11	91.7	11	100.0		
仓储业	116	85	73.3	113	97.4	109	96.5	4	3.5
邮政业	17	16	94.1	17	100.0	17	100.0		
住宿和餐饮业	**424**	**239**	**56.4**	**399**	**94.1**	**368**	**92.2**	**19**	**4.8**
住宿业	225	146	64.9	219	97.3	203	92.7	9	4.1
餐饮业	199	93	46.7	180	90.5	165	91.7	10	5.6
信息传输、软件和信息技术服务业	**76**	**75**	**98.7**	**73**	**96.1**	**70**	**95.9**	**3**	**4.1**
电信、广播电视和卫星传输服务	56	55	98.2	53	94.6	51	96.2	2	3.8
互联网和相关服务	1	1	100.0	1	100.0	1	100.0		
软件和信息技术服务业	19	19	100.0	19	100.0	18	94.7	1	5.3
房地产业	**1900**	**851**	**44.8**	**1856**	**97.7**	**1785**	**96.2**	**48**	**2.6**
房地产业	1900	851	44.8	1856	97.7	1785	96.2	48	2.6
租赁和商务服务业	**85**	**57**	**67.1**	**82**	**96.5**	**82**	**100.0**	**3**	**3.7**
租赁业	2			2	100.0	2	100.0		
商务服务业	83	57	68.7	80	96.4	80	100.0	3	3.8
科学研究和技术服务业	**33**	**23**	**69.7**	**32**	**97.0**	**32**	**100.0**		
研究和试验发展									
专业技术服务业	32	22	68.8	31	96.9	31	100.0		
科技推广和应用服务业	1	1	100.0	1	100.0	1	100.0		
水利、环境和公共设施管理业	**11**	**7**	**63.6**	**11**	**100.0**	**10**	**90.9**		
水利管理业	1			1	100.0	1	100.0		
生态保护和环境治理业	3	2	66.7	3	100.0	3	100.0		
公共设施管理业	7	5	71.4	7	100.0	6	85.7		
居民服务、修理和其他服务业	**19**	**12**	**63.2**	**18**	**94.7**	**15**	**83.3**		
居民服务业	11	7	63.6	11	100.0	9	81.8		
机动车、电子产品和日用产品修理业	4	4	100.0	4	100.0	3	75.0		
其他服务业	4	1	25.0	3	75.0	3	100.0		
教育	**9**	**9**	**100.0**	**9**	**100.0**	**9**	**100.0**		
教育	9	9	100.0	9	100.0	9	100.0		
卫生和社会工作	**42**	**39**	**92.9**	**41**	**97.6**	**36**	**87.8**	**3**	**7.3**
卫生	42	39	92.9	41	97.6	36	87.8	3	7.3
社会工作									
文化、体育和娱乐业	**19**	**17**	**89.5**	**18**	**94.7**	**18**	**100.0**		
新闻和出版业	6	6	100.0	6	100.0	6	100.0		
广播、电视、电影和影视录音制作业	5	4	80.0	5	100.0	5	100.0		
文化艺术业									
体育	5	4	80.0	5	100.0	5	100.0		
娱乐业	3	3	100.0	2	66.7	2	100.0		

6–6 分地区企业使用网络情况

地区	企业数(个)	使用局域网的企业		使用互联网的企业					
						宽带接入		窄带接入	
		数量	比重(%)	数量	比重(%)	数量	占接入互联网企业比重(%)	数量	占接入互联网企业比重(%)
全　省	**11529**	**5796**	**50.3**	**11027**	**95.6**	**10243**	**92.9**	**490**	**4.4**
哈尔滨	**4507**	**2472**	**54.8**	**4261**	**94.5**	**3937**	**92.4**	**223**	**5.2**
齐齐哈尔	750	384	51.2	732	97.6	670	91.5	42	5.7
鸡　西	433	165	38.1	415	95.8	392	94.5	17	4.1
鹤　岗	389	198	50.9	375	96.4	343	91.5	9	2.4
双鸭山	381	154	40.4	322	84.5	298	92.5	19	5.9
大　庆	1256	582	46.3	1211	96.4	1108	91.5	34	2.8
伊　春	296	160	54.1	295	99.7	283	95.9	8	2.7
佳木斯	602	324	53.8	578	96.0	530	91.7	35	6.1
七台河	220	125	56.8	209	95.0	187	89.5	9	4.3
牡丹江	1140	509	44.6	1120	98.2	1073	95.8	32	2.9
黑　河	273	134	49.1	260	95.2	246	94.6	10	3.8
绥　化	728	336	46.2	711	97.7	671	94.4	22	3.1
大兴安岭	113	55	48.7	108	95.6	103	95.4	3	2.8
农垦总局	287	131	45.6	283	98.6	259	91.5	26	9.2
绥芬河	134	57	42.5	129	96.3	125	96.9	1	0.8
抚　远	20	10	50.0	18	90.0	18	100.0		

6-7 分行业企业建网站情况

行业	企业数（个）	建立网站的企业		网站数量	每百家拥有网站数
		数量	比重（%）		
总 计	**11529**	**3752**	**32.5**	**4374**	**37.9**
采矿业	**337**	**102**	**30.3**	**138**	**40.9**
煤炭开采和洗选业	244	64	26.2	91	37.3
石油和天然气开采业	4	2	50.0	2	50.0
黑色金属矿采选业	17	7	41.2	9	52.9
有色金属矿采选业	14	4	28.6	8	57.1
非金属矿采选业	43	15	34.9	15	34.9
开采辅助活动	15	10	66.7	13	86.7
其他采矿业					
制造业	**3654**	**1700**	**46.5**	**1934**	**52.9**
农副食品加工业	982	459	46.7	515	52.4
食品制造业	167	90	53.9	109	65.3
酒、饮料和精制茶制造业	161	86	53.4	93	57.8
烟草制品业	4	2	50.0	2	50.0
纺织业	52	21	40.4	24	46.2
纺织服装、服饰业	18	7	38.9	7	38.9
皮革、毛皮、羽毛及其制品和制鞋业	22	3	13.6	5	22.7
木材加工和木、竹、藤、棕、草制品业	266	98	36.8	105	39.5
家具制造业	67	33	49.3	40	59.7
造纸和纸制品业	55	21	38.2	21	38.2
印刷和记录媒介复制业	36	14	38.9	15	41.7
文教、工美、体育和娱乐用品制造业	43	12	27.9	12	27.9
石油加工、炼焦和核燃料加工业	56	26	46.4	29	51.8
化学原料和化学制品制造业	217	107	49.3	122	56.2
医药制造业	114	77	67.5	101	88.6
化学纤维制造业	4	4	100.0	4	100.0
橡胶和塑料制品业	138	64	46.4	67	48.6
非金属矿物制品业	383	128	33.4	148	38.6
黑色金属冶炼和压延加工业	57	25	43.9	27	47.4
有色金属冶炼和压延加工业	13	8	61.5	12	92.3
金属制品业	1	1	100.0	3	300.0
通用设备制造业	135	57	42.2	71	52.6
专用设备制造业	200	103	51.5	117	58.5
汽车制造业	220	119	54.1	138	62.7
铁路、船舶、航空航天和其他运输设备制造业	54	28	51.9	32	59.3
电气机械和器材制造业	28	15	53.6	16	57.1
计算机、通信和其他电子设备制造业	98	50	51.0	54	55.1
仪器仪表制造业	20	17	85.0	18	90.0
其他制造业	22	16	72.7	19	86.4
废弃资源综合利用业	14	7	50.0	8	57.1
金属制品、机械和设备修理业	3				
电力、热力、燃气及水生产和供应业	**5**	**3**	**60.0**	**3**	**60.0**
电力、热力生产和供应业	292	117	40.1	124	42.5
燃气生产和供应业	260	104	40.0	111	42.7
水的生产和供应业	17	7	41.2	7	41.2
建筑业	**15**	**6**	**40.0**	**6**	**40.0**
房屋建筑业	2374	443	18.7	500	21.1
土木工程建筑业	1105	171	15.5	199	18.0
建筑安装业	411	85	20.7	94	22.9
建筑装饰和其他建筑业	412	99	24.0	108	26.2

6-7 续表

行　业	企业数(个)	建立网站的企业		网站数量	每百家拥有网站数
		数量	比重(%)		
批发和零售业	**446**	**88**	**19.7**	**99**	**22.2**
批发业	1989	626	31.5	755	38.0
零售业	822	236	28.7	288	35.0
交通运输、仓储和邮政业	**1167**	**390**	**33.4**	**467**	**40.0**
铁路运输业	265	70	26.4	80	30.2
道路运输业					
水上运输业	114	30	26.3	36	31.6
航空运输业	4	4	100.0	5	
管道运输业	2				
装卸搬运和运输代理业					
仓储业	12	4	33.3	4	33.3
邮政业	116	23	19.8	24	20.7
住宿和餐饮业	**17**	**9**	**52.9**	**11**	**64.7**
住宿业	424	165	38.9	203	47.9
餐饮业	225	104	46.2	122	54.2
信息传输、软件和信息技术服务业	**199**	**61**	**30.7**	**81**	**40.7**
电信、广播电视和卫星传输服务	76	52	68.4	86	113.2
互联网和相关服务	56	35	62.5	46	82.1
软件和信息技术服务业	1	1	100.0	8	800.0
房地产业	**19**	**16**	**84.2**	**32**	**168.4**
房地产业	1900	356	18.7	417	21.9
租赁和商务服务业	**1900**	**356**	**18.7**	**417**	**21.9**
租赁业	85	44	51.8	50	58.8
商务服务业	2	1	50.0	1	50.0
科学研究和技术服务业	**83**	**43**	**51.8**	**49**	**59.0**
研究和试验发展	33	16	48.5	17	51.5
专业技术服务业					
科技推广和应用服务业	32	15	46.9	16	50.0
水利、环境和公共设施管理业	**1**	**1**	**100.0**	**1**	**100.0**
水利管理业	11	9	81.8	10	90.9
生态保护和环境治理业	1				
公共设施管理业	3	3	100.0	3	100.0
居民服务、修理和其他服务业	**7**	**6**	**85.7**	**7**	**100.0**
居民服务业	11	2	18.2	2	18.2
机动车、电子产品和日用产品修理业	4	3	75.0	3	75.0
其他服务业	4	1	25.0	1	25.0
教育	**9**	**4**	**44.4**	**4**	**44.4**
教育	9	4	44.4	4	44.4
卫生和社会工作	**42**	**28**	**66.7**	**31**	**73.8**
卫生	42	28	66.7	31	73.8
社会工作					
文化、体育和娱乐业	**19**	**14**	**73.7**	**19**	**100.0**
新闻和出版业	6	5	83.3	5	83.3
广播、电视、电影和影视录音制作业	5	4	80.0	9	180.0
文化艺术业					
体育	5	4	80.0	4	80.0
娱乐业	3	1	33.3	1	33.3

6-8　分地区企业建网站情况

地　区	企业数(个)	建立网站的企业		网站数量	每百家拥有网站数
		数量	比重(%)		
全　省	**11529**	**3752**	**32.5**	**4374**	**37.9**
哈尔滨	**4507**	**1573**	**34.9**	**1845**	**40.9**
齐齐哈尔	750	228	30.4	278	37.1
鸡　西	433	94	21.7	106	24.5
鹤　岗	389	124	31.9	151	38.8
双鸭山	381	90	23.6	107	28.1
大　庆	1256	425	33.8	498	39.6
伊　春	296	100	33.8	115	38.9
佳木斯	602	207	34.4	236	39.2
七台河	220	67	30.5	73	33.2
牡丹江	1140	345	30.3	385	33.8
黑　河	273	91	33.3	100	36.6
绥　化	728	220	30.2	269	37.0
大兴安岭	113	33	29.2	37	32.7
农垦总局	287	117	40.8	134	46.7
绥芬河	134	34	25.4	36	26.9
抚　远	20	4	20.0	4	20.0

6-9 分行业企业通过

行业	企业数(个)	使用互联网开展活动的企业		收发电子邮件	
		数量	比重(%)	数量	占使用互联网企业的比重(%)
总　计	**11529**	**11027**	**95.6**	**9607**	**87.1**
采矿业	**337**	**301**	**89.3**	**263**	**87.4**
煤炭开采和洗选业	244	210	86.1	185	88.1
石油和天然气开采业	4	4	100.0	4	100.0
黑色金属矿采选业	17	17	100.0	14	82.4
有色金属矿采选业	14	13	92.9	13	100.0
非金属矿采选业	43	42	97.7	32	76.2
开采辅助活动	15	15	100.0	15	100.0
其他采矿业					
制造业	**3654**	**3555**	**97.3**	**3231**	**90.9**
农副食品加工业	982	959	97.7	841	87.7
食品制造业	167	166	99.4	159	95.8
酒、饮料和精制茶制造业	161	158	98.1	144	91.1
烟草制品业	4	4	100.0	4	100.0
纺织业	52	51	98.1	48	94.1
纺织服装、服饰业	18	18	100.0	16	88.9
皮革、毛皮、羽毛及其制品和制鞋业	22	22	100.0	22	100.0
木材加工和木、竹、藤、棕、草制品业	266	262	98.5	229	87.4
家具制造业	67	65	97.0	58	89.2
造纸和纸制品业	55	53	96.4	50	94.3
印刷和记录媒介复制业	36	36	100.0	34	94.4
文教、工美、体育和娱乐用品制造业	43	40	93.0	35	87.5
石油加工、炼焦和核燃料加工业	56	52	92.9	47	90.4
化学原料和化学制品制造业	217	212	97.7	196	92.5
医药制造业	114	113	99.1	108	95.6
化学纤维制造业	4	4	100.0	4	100.0
橡胶和塑料制品业	138	132	95.7	120	90.9
非金属矿物制品业	383	359	93.7	318	88.6
黑色金属冶炼和压延加工业	57	55	96.5	50	90.9
有色金属冶炼和压延加工业	13	13	100.0	12	92.3
金属制品业	135	134	99.3	121	90.3
通用设备制造业	200	193	96.5	183	94.8
专用设备制造业	220	215	97.7	206	95.8
汽车制造业	54	53	98.1	50	94.3
铁路、船舶、航空航天和其他运输设备制造业	28	27	96.4	25	92.6
电气机械和器材制造业	98	95	96.9	91	95.8
计算机、通信和其他电子设备制造业	20	20	100.0	20	100.0
仪器仪表制造业	22	22	100.0	22	100.0
其他制造业	14	14	100.0	12	85.7
废弃资源综合利用业	3	3	100.0	2	66.7
金属制品、机械和设备修理业	5	5	100.0	4	80.0
电力、热力、燃气及水生产和供应业	**292**	**285**	**97.6**	**275**	**96.5**
电力、热力生产和供应业	260	254	97.7	246	96.9
燃气生产和供应业	17	17	100.0	15	88.2
水的生产和供应业	15	14	93.3	14	100.0
建筑业	**2374**	**2220**	**93.5**	**1926**	**86.8**
房屋建筑业	1105	1037	93.8	880	84.9
土木工程建筑业	411	387	94.2	343	88.6
建筑安装业	412	382	92.7	348	91.1
建筑装饰和其他建筑业	446	414	92.8	355	85.7

互联网开展活动情况

了解商品和服务的信息		从政府机构获取信息		与政府机构互动		使用网上银行	
数量	占使用互联网企业的比重(%)	数量	占使用互联网企业的比重(%)	数量	占使用互联网企业的比重(%)	数量	占使用互联网企业的比重(%)
4448	**40.3**	**4879**	**44.2**	**2141**	**19.4**	**5923**	**53.7**
104	**34.6**	**126**	**41.9**	**51**	**16.9**	**145**	**48.2**
62	29.5	83	39.5	34	16.2	100	47.6
3	75.0	4	100.0	2	50.0	3	75.0
10	58.8	9	52.9	2	11.8	8	47.1
8	61.5	5	38.5	4	30.8	6	46.2
15	35.7	16	38.1	5	11.9	17	40.5
6	40.0	9	60.0	4	26.7	11	73.3
1822	**51.3**	**1640**	**46.1**	**793**	**22.3**	**2044**	**57.5**
457	47.7	405	42.2	172	17.9	566	59.0
87	52.4	98	59.0	61	36.7	121	72.9
94	59.5	77	48.7	44	27.8	94	59.5
3	75.0	4	100.0	1	25.0	1	25.0
22	43.1	16	31.4	10	19.6	25	49.0
9	50.0	10	55.6	2	11.1	12	66.7
12	54.5	7	31.8	4	18.2	9	40.9
109	41.6	87	33.2	36	13.7	108	41.2
35	53.8	31	47.7	12	18.5	33	50.8
18	34.0	24	45.3	12	22.6	29	54.7
16	44.4	19	52.8	10	27.8	29	80.6
19	47.5	11	27.5	3	7.5	14	35.0
29	55.8	32	61.5	15	28.8	33	63.5
129	60.8	114	53.8	56	26.4	118	55.7
77	68.1	69	61.1	32	28.3	84	74.3
4	100.0	3	75.0	2	50.0	4	100.0
65	49.2	61	46.2	27	20.5	71	53.8
166	46.2	164	45.7	85	23.7	174	48.5
32	58.2	26	47.3	12	21.8	34	61.8
11	84.6	9	69.2	6	46.2	8	61.5
69	51.5	43	32.1	19	14.2	72	53.7
100	51.8	110	57.0	57	29.5	115	59.6
118	54.9	102	47.4	51	23.7	138	64.2
30	56.6	26	49.1	11	20.8	37	69.8
13	48.1	12	44.4	3	11.1	19	70.4
58	61.1	46	48.4	28	29.5	57	60.0
12	60.0	12	60.0	6	30.0	14	70.0
17	77.3	13	59.1	10	45.5	14	63.6
7	50.0	6	42.9	5	35.7	6	42.9
1	33.3	1	33.3	1	33.3	2	66.7
3	60.0	2	40.0			3	60.0
97	**34.0**	**153**	**53.7**	**70**	**24.6**	**175**	**61.4**
82	32.3	132	52.0	60	23.6	157	61.8
10	58.8	10	58.8	4	23.5	9	52.9
5	35.7	11	78.6	6	42.9	9	64.3
640	**28.8**	**1077**	**48.5**	**357**	**16.1**	**1058**	**47.7**
284	27.4	504	48.6	172	16.6	486	46.9
126	32.6	200	51.7	72	18.6	190	49.1
134	35.1	179	46.9	61	16.0	192	50.3
96	23.2	194	46.9	52	12.6	190	45.9

6-9 续表 1

行　业	企业数(个)	使用互联网开展活动的企业			
				收发电子邮件	
		数量	比重(%)	数量	占使用互联网企业的比重(%)
批发和零售业	**1989**	**1870**	**94.0**	**1527**	**81.7**
批发业	822	784	95.4	649	82.8
零售业	1167	1086	93.1	878	80.8
交通运输、仓储和邮政业	**265**	**257**	**97.0**	**223**	**86.8**
铁路运输业					
道路运输业	114	110	96.5	94	85.5
水上运输业	4	4	100.0	4	100.0
航空运输业	2	2	100.0	2	100.0
管道运输业					
装卸搬运和运输代理业	12	11	91.7	10	90.9
仓储业	116	113	97.4	98	86.7
邮政业	17	17	100.0	15	88.2
住宿和餐饮业	**424**	**399**	**94.1**	**315**	**78.9**
住宿业	225	219	97.3	188	85.8
餐饮业	199	180	90.5	127	70.6
信息传输、软件和信息技术服务业	**76**	**73**	**96.1**	**70**	**95.9**
电信、广播电视和卫星传输服务	56	53	94.6	50	94.3
互联网和相关服务	1	1	100.0	1	100.0
软件和信息技术服务业	19	19	100.0	19	100.0
房地产业	**1900**	**1856**	**97.7**	**1587**	**85.5**
房地产业	1900	1856	97.7	1587	85.5
租赁和商务服务业	**85**	**82**	**96.5**	**75**	**91.5**
租赁业	2	2	100.0	2	100.0
商务服务业	83	80	96.4	73	91.3
科学研究和技术服务业	**33**	**32**	**97.0**	**30**	**93.8**
研究和试验发展					
专业技术服务业	32	31	96.9	29	93.5
科技推广和应用服务业	1	1	100.0	1	100.0
水利、环境和公共设施管理业	**11**	**11**	**100.0**	**10**	**90.9**
水利管理业	1	1	100.0		
生态保护和环境治理业	3	3	100.0	3	100.0
公共设施管理业	7	7	100.0	7	100.0
居民服务、修理和其他服务业	**19**	**18**	**94.7**	**14**	**77.8**
居民服务业	11	11	100.0	7	63.6
机动车、电子产品和日用产品修理业	4	4	100.0	4	100.0
其他服务业	4	3	75.0	3	100.0
教育	**9**	**9**	**100.0**	**7**	**77.8**
教育	9	9	100.0	7	77.8
卫生和社会工作	**42**	**41**	**97.6**	**39**	**95.1**
卫生	42	41	97.6	39	95.1
社会工作					
文化、体育和娱乐业	**19**	**18**	**94.7**	**15**	**83.3**
新闻和出版业	6	6	100.0	6	100.0
广播、电视、电影和影视录音制作业	5	5	100.0	3	60.0
文化艺术业					
体育	5	5	100.0	5	100.0
娱乐业	3	2	66.7	1	50.0

了解商品和服务的信息		从政府机构获取信息		与政府机构互动		使用网上银行	
数量	占使用互联网企业的比重(%)	数量	占使用互联网企业的比重(%)	数量	占使用互联网企业的比重(%)	数量	占使用互联网企业的比重(%)
866	**46.3**	**622**	**33.3**	**293**	**15.7**	**1080**	**57.8**
353	45.0	260	33.2	117	14.9	481	61.4
513	47.2	362	33.3	176	16.2	599	55.2
89	**34.6**	**102**	**39.7**	**42**	**16.3**	**157**	**61.1**
26	23.6	48	43.6	21	19.1	60	54.5
1	25.0	2	50.0	1	25.0	3	75.0
						1	50.0
4	36.4	4	36.4	2	18.2	6	54.5
51	45.1	40	35.4	16	14.2	75	66.4
7	41.2	8	47.1	2	11.8	12	70.6
139	**34.8**	**143**	**35.8**	**64**	**16.0**	**190**	**47.6**
90	41.1	90	41.1	39	17.8	122	55.7
49	27.2	53	29.4	25	13.9	68	37.8
45	**61.6**	**37**	**50.7**	**23**	**31.5**	**49**	**67.1**
31	58.5	28	52.8	16	30.2	34	64.2
1	100.0	1	100.0			1	100.0
13	68.4	8	42.1	7	36.8	14	73.7
571	**30.8**	**863**	**46.5**	**383**	**20.6**	**909**	**49.0**
571	30.8	863	46.5	383	20.6	909	49.0
34	**41.5**	**46**	**56.1**	**23**	**28.0**	**49**	**59.8**
1	50.0	2	100.0				
33	41.3	44	55.0	23	28.7	49	61.3
8	**25.0**	**13**	**40.6**	**9**	**28.1**	**17**	**53.1**
8	25.8	13	41.9	8	25.8	17	54.8
				1	100.0		
3	**27.3**	**8**	**72.7**	**4**	**36.4**	**8**	**72.7**
2	66.7	3	100.0	1	33.3	3	100.0
1	14.3	5	71.4	3	42.9	5	71.4
4	**22.2**	**7**	**38.9**	**3**	**16.7**	**9**	**50.0**
		2	18.2	1	9.1	3	27.3
2	50.0	3	75.0	1	25.0	4	100.0
2	66.7	2	66.7	1	33.3	2	66.7
3	**33.3**	**5**	**55.6**	**2**	**22.2**	**2**	**22.2**
3	33.3	5	55.6	2	22.2	2	22.2
16	**39.0**	**29**	**70.7**	**15**	**36.6**	**19**	**46.3**
16	39.0	29	70.7	15	36.6	19	46.3
7	**38.9**	**8**	**44.4**	**9**	**50.0**	**12**	**66.7**
3	50.0	2	33.3	4	66.7	3	50.0
1	20.0	3	60.0	3	60.0	4	80.0
2	40.0	3	60.0	2	40.0	4	80.0
1	50.0					1	50.0

6-9 续表 2

行业	使用其他金融服务		提供客户服务		拨打互联网电话或召开视频会议	
	数量	占使用互联网企业的比重(%)	数量	占使用互联网企业的比重(%)	数量	占使用互联网企业的比重(%)
总　计	**791**	**7.2**	**2217**	**20.1**	**850**	**7.7**
采矿业	**15**	**5.0**	**36**	**12.0**	**25**	**8.3**
煤炭开采和洗选业	10	4.8	13	6.2	13	6.2
石油和天然气开采业			2	50.0	1	25.0
黑色金属矿采选业	1	5.9	2	11.8	1	5.9
有色金属矿采选业			4	30.8	3	23.1
非金属矿采选业	4	9.5	11	26.2	3	7.1
开采辅助活动			4	26.7	4	26.7
其他采矿业						
制造业	**299**	**8.4**	**957**	**26.9**	**334**	**9.4**
农副食品加工业	76	7.9	250	26.1	66	6.9
食品制造业	20	12.0	62	37.3	40	24.1
酒、饮料和精制茶制造业	20	12.7	51	32.3	18	11.4
烟草制品业			1	25.0	1	25.0
纺织业	4	7.8	14	27.5	1	2.0
纺织服装、服饰业	1	5.6	3	16.7	1	5.6
皮革、毛皮、羽毛及其制品和制鞋业	2	9.1	7	31.8	2	9.1
木材加工和木、竹、藤、棕、草制品业	20	7.6	55	21.0	6	2.3
家具制造业	9	13.8	14	21.5	4	6.2
造纸和纸制品业	2	3.8	9	17.0	3	5.7
印刷和记录媒介复制业	2	5.6	14	38.9	1	2.8
文教、工美、体育和娱乐用品制造业	1	2.5	4	10.0		
石油加工、炼焦和核燃料加工业	9	17.3	18	34.6	12	23.1
化学原料和化学制品制造业	15	7.1	68	32.1	13	6.1
医药制造业	13	11.5	37	32.7	30	26.5
化学纤维制造业	2	50.0	1	25.0		
橡胶和塑料制品业	10	7.6	30	22.7	8	6.1
非金属矿物制品业	22	6.1	73	20.3	28	7.8
黑色金属冶炼和压延加工业	3	5.5	9	16.4	5	9.1
有色金属冶炼和压延加工业	2	15.4	6	46.2	4	30.8
金属制品业	5	3.7	20	14.9	5	3.7
通用设备制造业	16	8.3	62	32.1	17	8.8
专用设备制造业	18	8.4	66	30.7	30	14.0
汽车制造业	4	7.5	18	34.0	9	17.0
铁路、船舶、航空航天和其他运输设备制造业	1	3.7	6	22.2	3	11.1
电气机械和器材制造业	13	13.7	32	33.7	17	17.9
计算机、通信和其他电子设备制造业	6	30.0	10	50.0	3	15.0
仪器仪表制造业	1	4.5	12	54.5	6	27.3
其他制造业	1	7.1	4	28.6	1	7.1
废弃资源综合利用业	1	33.3				
金属制品、机械和设备修理业			1	20.0		
电力、热力、燃气及水生产和供应业	**18**	**6.3**	**54**	**18.9**	**69**	**24.2**
电力、热力生产和供应业	18	7.1	48	18.9	66	26.0
燃气生产和供应业			4	23.5	3	17.6
水的生产和供应业			2	14.3		
建筑业	**115**	**5.2**	**224**	**10.1**	**55**	**2.5**
房屋建筑业	48	4.6	89	8.6	22	2.1
土木工程建筑业	19	4.9	39	10.1	11	2.8
建筑安装业	25	6.5	55	14.4	14	3.7
建筑装饰和其他建筑业	23	5.6	41	9.9	8	1.9

在线提供产品		发布消息或即时消息		员工培训		对外或对内招聘	
数量	占使用互联网企业的比重(%)	数量	占使用互联网企业的比重(%)	数量	占使用互联网企业的比重(%)	数量	占使用互联网企业的比重(%)
684	**6.2**	**1963**	**17.8**	**2299**	**20.8**	**2303**	**20.9**
14	**4.7**	**32**	**10.6**	**36**	**12.0**	**31**	**10.3**
6	2.9	14	6.7	20	9.5	19	9.0
		1	25.0	2	50.0	2	50.0
1	5.9	1	5.9	1	5.9	1	5.9
1	7.7	3	23.1	1	7.7	4	30.8
6	14.3	5	11.9	8	19.0	4	9.5
		8	53.3	4	26.7	1	6.7
342	**9.6**	**724**	**20.4**	**584**	**16.4**	**892**	**25.1**
99	10.3	172	17.9	139	14.5	169	17.6
21	12.7	44	26.5	41	24.7	64	38.6
25	15.8	42	26.6	35	22.2	46	29.1
				1	25.0		
3	5.9	6	11.8	6	11.8	14	27.5
1	5.6	2	11.1	1	5.6	3	16.7
1	4.5	1	4.5	5	22.7	7	31.8
17	6.5	27	10.3	25	9.5	32	12.2
11	16.9	10	15.4	10	15.4	15	23.1
5	9.4	9	17.0	6	11.3	11	20.8
2	5.6	8	22.2	6	16.7	12	33.3
1	2.5	2	5.0	2	5.0	4	10.0
5	9.6	16	30.8	14	26.9	18	34.6
21	9.9	44	20.8	43	20.3	52	24.5
11	9.7	44	38.9	38	33.6	57	50.4
		3	75.0	1	25.0	3	75.0
12	9.1	15	11.4	13	9.8	27	20.5
21	5.8	50	13.9	58	16.2	69	19.2
4	7.3	11	20.0	10	18.2	12	21.8
3	23.1	8	61.5	3	23.1	7	53.8
5	3.7	24	17.9	18	13.4	34	25.4
21	10.9	49	25.4	28	14.5	60	31.1
23	10.7	62	28.8	36	16.7	78	36.3
4	7.5	16	30.2	11	20.8	21	39.6
2	7.4	6	22.2	3	11.1	11	40.7
12	12.6	28	29.5	16	16.8	36	37.9
5	25.0	8	40.0	5	25.0	9	45.0
5	22.7	12	54.5	7	31.8	14	63.6
1	7.1	4	28.6	1	7.1	4	28.6
		1	33.3	1	33.3	2	66.7
1	20.0			1	20.0	1	20.0
9	**3.2**	**72**	**25.3**	**67**	**23.5**	**44**	**15.4**
8	3.1	63	24.8	60	23.6	38	15.0
1	5.9	4	23.5	5	29.4	3	17.6
		5	35.7	2	14.3	3	21.4
48	**2.2**	**285**	**12.8**	**700**	**31.5**	**376**	**16.9**
20	1.9	125	12.1	384	37.0	168	16.2
6	1.6	56	14.5	128	33.1	68	17.6
15	3.9	57	14.9	100	26.2	68	17.8
7	1.7	47	11.4	88	21.3	72	17.4

6-9 续表 3

行业	使用其他金融服务		提供客户服务		拨打互联网电话或召开视频会议	
	数量	占使用互联网企业的比重(%)	数量	占使用互联网企业的比重(%)	数量	占使用互联网企业的比重(%)
批发和零售业	**157**	**8.4**	**426**	**22.8**	**173**	**9.3**
批发业	67	8.5	173	22.1	78	9.9
零售业	90	8.3	253	23.3	95	8.7
交通运输、仓储和邮政业	**13**	**5.1**	**45**	**17.5**	**36**	**14.0**
铁路运输业						
道路运输业	4	3.6	22	20.0	7	6.4
水上运输业			1	25.0	1	25.0
航空运输业						
管道运输业						
装卸搬运和运输代理业	1	9.1	3	27.3	1	9.1
仓储业	6	5.3	13	11.5	18	15.9
邮政业	2	11.8	6	35.3	9	52.9
住宿和餐饮业	**26**	**6.5**	**104**	**26.1**	**14**	**3.5**
住宿业	16	7.3	77	35.2	10	4.6
餐饮业	10	5.6	27	15.0	4	2.2
信息传输、软件和信息技术服务业	**6**	**8.2**	**45**	**61.6**	**33**	**45.2**
电信、广播电视和卫星传输服务	5	9.4	36	67.9	27	50.9
互联网和相关服务			1	100.0	1	100.0
软件和信息技术服务业	1	5.3	8	42.1	5	26.3
房地产业	**130**	**7.0**	**278**	**15.0**	**87**	**4.7**
房地产业	130	7.0	278	15.0	87	4.7
租赁和商务服务业	**6**	**7.3**	**17**	**20.7**	**10**	**12.2**
租赁业						
商务服务业	6	7.5	17	21.3	10	12.5
科学研究和技术服务业	**1**	**3.1**	**7**	**21.9**	**2**	**6.3**
研究和试验发展						
专业技术服务业	1	3.2	6	19.4	2	6.5
科技推广和应用服务业			1	100.0		
水利、环境和公共设施管理业			**2**	**18.2**		
水利管理业						
生态保护和环境治理业			1	33.3		
公共设施管理业			1	14.3		
居民服务、修理和其他服务业	**1**	**5.6**	**2**	**11.1**		
居民服务业	1	9.1				
机动车、电子产品和日用产品修理业			2	50.0		
其他服务业						
教育	**1**	**11.1**	**3**	**33.3**		
教育	1	11.1	3	33.3		
卫生和社会工作	**3**	**7.3**	**8**	**19.5**	**8**	**19.5**
卫生	3	7.3	8	19.5	8	19.5
社会工作						
文化、体育和娱乐业			**9**	**50.0**	**4**	**22.2**
新闻和出版业			2	33.3		
广播、电视、电影和影视录音制作业			2	40.0	3	60.0
文化艺术业						
体育			4	80.0		
娱乐业			1	50.0	1	50.0

在线提供产品		发布消息或即时消息		员工培训		对外或对内招聘	
数量	占使用互联网企业的比重(%)	数量	占使用互联网企业的比重(%)	数量	占使用互联网企业的比重(%)	数量	占使用互联网企业的比重(%)
140	**7.5**	**350**	**18.7**	**338**	**18.1**	**374**	**20.0**
47	6.0	136	17.3	113	14.4	126	16.1
93	8.6	214	19.7	225	20.7	248	22.8
6	**2.3**	**40**	**15.6**	**78**	**30.4**	**21**	**8.2**
2	1.8	14	12.7	28	25.5	11	10.0
		1	25.0	2	50.0		
		1	50.0				
1	9.1	3	27.3			1	9.1
1	0.9	14	12.4	36	31.9	4	3.5
2	11.8	7	41.2	12	70.6	5	29.4
25	**6.3**	**73**	**18.3**	**56**	**14.0**	**109**	**27.3**
17	7.8	48	21.9	38	17.4	64	29.2
8	4.4	25	13.9	18	10.0	45	25.0
24	**32.9**	**39**	**53.4**	**43**	**58.9**	**36**	**49.3**
19	35.8	26	49.1	34	64.2	20	37.7
1	100.0	1	100.0	1	100.0	1	100.0
4	21.1	12	63.2	8	42.1	15	78.9
64	**3.4**	**272**	**14.7**	**342**	**18.4**	**365**	**19.7**
64	3.4	272	14.7	342	18.4	365	19.7
6	**7.3**	**25**	**30.5**	**16**	**19.5**	**19**	**23.2**
6	7.5	25	31.3	16	20.0	19	23.8
1	**3.1**	**12**	**37.5**	**8**	**25.0**	**9**	**28.1**
1	3.2	11	35.5	8	25.8	8	25.8
		1	100.0			1	100.0
1	**9.1**	**4**	**36.4**	**3**	**27.3**	**2**	**18.2**
1	33.3	2	66.7	1	33.3	1	33.3
		2	28.6	2	28.6	1	14.3
		3	**16.7**	**4**	**22.2**	**2**	**11.1**
		2	18.2	1	9.1	1	9.1
		1	25.0	3	75.0	1	25.0
		5	**55.6**	**3**	**33.3**	**3**	**33.3**
		5	55.6	3	33.3	3	33.3
1	**2.4**	**16**	**39.0**	**15**	**36.6**	**13**	**31.7**
1	2.4	16	39.0	15	36.6	13	31.7
3	**16.7**	**11**	**61.1**	**6**	**33.3**	**7**	**38.9**
1	16.7	4	66.7			1	16.7
1	20.0	3	60.0	3	60.0	3	60.0
		3	60.0	3	60.0	2	40.0
1	50.0	1	50.0			1	50.0

6−10 分地区企业通过

地区	企业数(个)	使用互联网开展活动的企业			
				收发电子邮件	
		数量	比重(%)	数量	占使用互联网企业的比重(%)
全　　省	**11529**	**11027**	**95.6**	**9607**	**87.1**
哈尔滨	**4507**	**4261**	**94.5**	**3709**	**87.0**
齐齐哈尔	750	732	97.6	645	88.1
鸡　　西	433	415	95.8	340	81.9
鹤　　岗	389	375	96.4	306	81.6
双鸭山	381	322	84.5	282	87.6
大　　庆	1256	1211	96.4	1098	90.7
伊　　春	296	295	99.7	269	91.2
佳木斯	602	578	96.0	446	77.2
七台河	220	209	95.0	195	93.3
牡丹江	1140	1120	98.2	984	87.9
黑　　河	273	260	95.2	221	85.0
绥　　化	728	711	97.7	617	86.8
大兴安岭	113	108	95.6	93	86.1
农垦总局	287	283	98.6	269	95.1
绥芬河	134	129	96.3	118	91.5
抚　　远	20	18	90.0	15	83.3

6−10 续表

地区	使用其他金融服务		提供客户服务		拨打互联网电话或召开视频会议	
	数量	占使用互联网企业的比重(%)	数量	占使用互联网企业的比重(%)	数量	占使用互联网企业的比重(%)
全　　省	**791**	**7.2**	**2217**	**20.1**	**850**	**7.7**
哈尔滨	**309**	**7.3**	**919**	**21.6**	**347**	**8.1**
齐齐哈尔	49	6.7	154	21.0	55	7.5
鸡　　西	17	4.1	53	12.8	40	9.6
鹤　　岗	21	5.6	54	14.4	21	5.6
双鸭山	35	10.9	46	14.3	23	7.1
大　　庆	91	7.5	261	21.6	94	7.8
伊　　春	24	8.1	43	14.6	19	6.4
佳木斯	38	6.6	137	23.7	53	9.2
七台河	13	6.2	39	18.7	21	10.0
牡丹江	90	8.0	192	17.1	59	5.3
黑　　河	20	7.7	54	20.8	29	11.2
绥　　化	50	7.0	140	19.7	50	7.0
大兴安岭	8	7.4	27	25.0	15	13.9
农垦总局	18	6.4	75	26.5	18	6.4
绥芬河	7	5.4	20	15.5	6	4.7
抚　　远	1	5.6	3	16.7		

互联网开展活动情况

了解商品和服务的信息		从政府机构获取信息		与政府机构互动		使用网上银行	
数量	占使用互联网企业的比重(%)	数量	占使用互联网企业的比重(%)	数量	占使用互联网企业的比重(%)	数量	占使用互联网企业的比重(%)
4448	**40.3**	**4879**	**44.2**	**2141**	**19.4**	**5923**	**53.7**
1658	**38.9**	**1895**	**44.5**	**847**	**19.9**	**2356**	**55.3**
299	40.8	355	48.5	159	21.7	409	55.9
149	35.9	167	40.2	76	18.3	213	51.3
118	31.5	147	39.2	67	17.9	190	50.7
129	40.1	124	38.5	57	17.7	200	62.1
514	42.4	578	47.7	273	22.5	640	52.8
122	41.4	145	49.2	67	22.7	147	49.8
213	36.9	217	37.5	120	20.8	280	48.4
90	43.1	98	46.9	41	19.6	126	60.3
493	44.0	462	41.3	149	13.3	535	47.8
111	42.7	119	45.8	60	23.1	134	51.5
313	44.0	315	44.3	139	19.5	341	48.0
46	42.6	56	51.9	19	17.6	69	63.9
146	51.6	135	47.7	38	13.4	195	68.9
41	31.8	62	48.1	27	20.9	82	63.6
6	33.3	4	22.2	2	11.1	6	33.3

在线提供产品		发布消息或即时消息		员工培训		对外或对内招聘	
数量	占使用互联网企业的比重(%)	数量	占使用互联网企业的比重(%)	数量	占使用互联网企业的比重(%)	数量	占使用互联网企业的比重(%)
684	**6.2**	**1963**	**17.8**	**2299**	**20.8**	**2303**	**20.9**
283	**6.6**	**874**	**20.5**	**835**	**19.6**	**1160**	**27.2**
52	7.1	106	14.5	169	23.1	134	18.3
13	3.1	59	14.2	96	23.1	55	13.3
17	4.5	42	11.2	84	22.4	42	11.2
13	4.0	43	13.4	66	20.5	31	9.6
81	6.7	296	24.4	302	24.9	343	28.3
18	6.1	39	13.2	63	21.4	32	10.8
43	7.4	101	17.5	113	19.6	95	16.4
15	7.2	35	16.7	55	26.3	39	18.7
53	4.7	111	9.9	170	15.2	131	11.7
19	7.3	48	18.5	80	30.8	34	13.1
36	5.1	106	14.9	152	21.4	122	17.2
13	12.0	22	20.4	38	35.2	20	18.5
23	8.1	58	20.5	58	20.5	37	13.1
3	2.3	19	14.7	15	11.6	28	21.7
2	11.1	4	22.2	3	16.7		

6-11 分行业企业互联网

行业	企业数(个)	使用互联网的企业		通过互联网进行宣传推广的企业数		自有网站		互联网广告	
		数量	比重(%)	数量	占使用互联网企业的比重(%)	数量	占使用互联网企业的比重(%)	数量	占使用互联网企业的比重(%)
总　计	**11529**	**11027**	**95.6**	**6418**	**58.2**	**2042**	**18.5**	**1529**	**13.9**
采矿业	**337**	**301**	**89.3**	**132**	**43.9**	**29**	**9.6**	**27**	**9.0**
煤炭开采和洗选业	244	210	86.1	85	40.5	16	7.6	15	7.1
石油和天然气开采业	4	4	100.0	1	25.0	1	25.0		
黑色金属矿采选业	17	17	100.0	9	52.9	2	11.8	2	11.8
有色金属矿采选业	14	13	92.9	5	38.5	2	15.4	3	23.1
非金属矿采选业	43	42	97.7	26	61.9	3	7.1	6	14.3
开采辅助活动	15	15	100.0	6	40.0	5	33.3	1	6.7
其他采矿业									
制造业	**3654**	**3555**	**97.3**	**2470**	**69.5**	**1059**	**29.8**	**586**	**16.5**
农副食品加工业	982	959	97.7	679	70.8	282	29.4	151	15.7
食品制造业	167	166	99.4	116	69.9	57	34.3	31	18.7
酒、饮料和精制茶制造业	161	158	98.1	119	75.3	52	32.9	33	20.9
烟草制品业	4	4	100.0	3	75.0	1	25.0	1	25.0
纺织业	52	51	98.1	36	70.6	11	21.6	7	13.7
纺织服装、服饰业	18	18	100.0	13	72.2	2	11.1	2	11.1
皮革、毛皮、羽毛及其制品和制鞋业	22	22	100.0	15	68.2	1	4.5	1	4.5
木材加工和木、竹、藤、棕、草制品业	266	262	98.5	164	62.6	52	19.8	59	22.5
家具制造业	67	65	97.0	51	78.5	24	36.9	11	16.9
造纸和纸制品业	55	53	96.4	30	56.6	10	18.9	10	18.9
印刷和记录媒介复制业	36	36	100.0	23	63.9	8	22.2	3	8.3
文教、工美、体育和娱乐用品制造业	43	40	93.0	26	65.0	6	15.0	6	15.0
石油加工、炼焦和核燃料加工业	56	52	92.9	31	59.6	14	26.9	4	7.7
化学原料和化学制品制造业	217	212	97.7	149	70.3	76	35.8	34	16.0
医药制造业	114	113	99.1	98	86.7	64	56.6	28	24.8
化学纤维制造业	4	4	100.0	3	75.0	3	75.0	1	25.0
橡胶和塑料制品业	138	132	95.7	86	65.2	33	25.0	23	17.4
非金属矿物制品业	383	359	93.7	214	59.6	67	18.7	43	12.0
黑色金属冶炼和压延加工业	57	55	96.5	32	58.2	16	29.1	7	12.7
有色金属冶炼和压延加工业	13	13	100.0	12	92.3	5	38.5	6	46.2
金属制品业	135	134	99.3	92	68.7	36	26.9	23	17.2
通用设备制造业	200	193	96.5	138	71.5	65	33.7	32	16.6

宣传和推广情况

单位：个

搜索引擎		电子商务平台		电子邮件		社交网站和即时通讯社交工具		其他	
数量	占使用互联网企业的比重(%)	数量	占使用互联网企业的比重(%)	数量	占使用互联网企业的比重(%)	数量	占使用互联网企业的比重(%)	数量	占使用互联网企业的比重(%)
694	**6.3**	**639**	**5.8**	**2444**	**22.2**	**2042**	**18.5**	**1936**	**17.6**
19	**6.3**	**5**	**1.7**	**58**	**19.3**	**29**	**9.6**	**41**	**13.6**
11	5.2	2	1.0	38	18.1	16	7.6	32	15.2
						1	25.0		
1	5.9	1	5.9	4	23.5	2	11.8	2	11.8
		1	7.7	2	15.4	2	15.4		
6	14.3	1	2.4	13	31.0	3	7.1	6	14.3
1	6.7			1	6.7	5	33.3	1	6.7
291	**8.2**	**279**	**7.8**	**976**	**27.5**	**1059**	**29.8**	**530**	**14.9**
53	5.5	77	8.0	244	25.4	282	29.4	159	16.6
14	8.4	20	12.0	43	25.9	57	34.3	29	17.5
17	10.8	16	10.1	48	30.4	52	32.9	29	18.4
1	25.0					1	25.0		
1	2.0	5	9.8	17	33.3	11	21.6	7	13.7
1	5.6			9	50.0	2	11.1	3	16.7
1	4.5	2	9.1	11	50.0	1	4.5	5	22.7
9	3.4	16	6.1	57	21.8	52	19.8	34	13.0
7	10.8	11	16.9	27	41.5	24	36.9	6	9.2
7	13.2	2	3.8	10	18.9	10	18.9	4	7.5
3	8.3	4	11.1	11	30.6	8	22.2	5	13.9
1	2.5			12	30.0	6	15.0	6	15.0
4	7.7	4	7.7	11	21.2	14	26.9	6	11.5
26	12.3	14	6.6	58	27.4	76	35.8	21	9.9
10	8.8	8	7.1	34	30.1	64	56.6	18	15.9
1	25.0	2	50.0	1	25.0	3	75.0		
8	6.1	11	8.3	36	27.3	33	25.0	16	12.1
34	9.5	11	3.1	97	27.0	67	18.7	51	14.2
2	3.6	4	7.3	12	21.8	16	29.1	3	5.5
1	7.7	1	7.7	6	46.2	5	38.5		
15	11.2	12	9.0	32	23.9	36	26.9	26	19.4
26	13.5	18	9.3	59	30.6	65	33.7	25	13.0

6-11 续表 1

行业	企业数(个)	使用互联网的企业		通过互联网进行宣传推广的企业数		自有网站		互联网广告	
		数量	比重(%)	数量	占使用互联网企业的比重(%)	数量	占使用互联网企业的比重(%)	数量	占使用互联网企业的比重(%)
专用设备制造业	220	215	97.7	162	75.3	82	38.1	30	14.0
汽车制造业	54	53	98.1	39	73.6	18	34.0	8	15.1
铁路、船舶、航空航天和其他运输设备制造业	28	27	96.4	20	74.1	9	33.3	4	14.8
电气机械和器材制造业	98	95	96.9	69	72.6	32	33.7	16	16.8
计算机、通信和其他电子设备制造业	20	20	100.0	17	85.0	12	60.0	5	25.0
仪器仪表制造业	22	22	100.0	18	81.8	13	59.1	6	27.3
其他制造业	14	14	100.0	10	71.4	6	42.9	1	7.1
废弃资源综合利用业	3	3	100.0	1	33.3				
金属制品、机械和设备修理业	5	5	100.0	4	80.0	2	40.0		
电力、热力、燃气及水生产和供应业	**292**	**285**	**97.6**	**153**	**53.7**	**61**	**21.4**	**17**	**6.0**
电力、热力生产和供应业	260	254	97.7	133	52.4	52	20.5	14	5.5
燃气生产和供应业	17	17	100.0	12	70.6	5	29.4	2	11.8
水的生产和供应业	15	14	93.3	8	57.1	4	28.6	1	7.1
建筑业	**2374**	**2220**	**93.5**	**1085**	**48.9**	**197**	**8.9**	**183**	**8.2**
房屋建筑业	1105	1037	93.8	510	49.2	71	6.8	83	8.0
土木工程建筑业	411	387	94.2	183	47.3	39	10.1	27	7.0
建筑安装业	412	382	92.7	198	51.8	46	12.0	37	9.7
建筑装饰和其他建筑业	446	414	92.8	194	46.9	41	9.9	36	8.7
批发和零售业	**1989**	**1870**	**94.0**	**1034**	**55.3**	**313**	**16.7**	**267**	**14.3**
批发业	822	784	95.4	409	52.2	125	15.9	65	8.3
零售业	1167	1086	93.1	625	57.6	188	17.3	202	18.6
交通运输、仓储和邮政业	**265**	**257**	**97.0**	**120**	**46.7**	**34**	**13.2**	**16**	**6.2**
铁路运输业									
道路运输业	114	110	96.5	48	43.6	15	13.6	5	4.5
水上运输业	4	4	100.0	3	75.0	2	50.0		
航空运输业	2	2	100.0	2	100.0				
管道运输业									
装卸搬运和运输代理业	12	11	91.7	6	54.5	3	27.3	1	9.1
仓储业	116	113	97.4	48	42.5	10	8.8	3	2.7
邮政业	17	17	100.0	13	76.5	4	23.5	7	41.2
住宿和餐饮业	**424**	**399**	**94.1**	**255**	**63.9**	**82**	**20.6**	**81**	**20.3**
住宿业	225	219	97.3	153	69.9	55	25.1	52	23.7
餐饮业	199	180	90.5	102	56.7	27	15.0	29	16.1

单位：个

搜索引擎		电子商务平台		电子邮件		社交网站和即时通讯社交工具		其他	
数量	占使用互联网企业的比重(%)	数量	占使用互联网企业的比重(%)	数量	占使用互联网企业的比重(%)	数量	占使用互联网企业的比重(%)	数量	占使用互联网企业的比重(%)
24	11.2	21	9.8	74	34.4	82	38.1	32	14.9
6	11.3	2	3.8	15	28.3	18	34.0	10	18.9
4	14.8			5	18.5	9	33.3	7	25.9
10	10.5	10	10.5	26	27.4	32	33.7	14	14.7
1	5.0	2	10.0	6	30.0	12	60.0	3	15.0
3	13.6	6	27.3	9	40.9	13	59.1	5	22.7
1	7.1			5	35.7	6	42.9	2	14.3
								1	33.3
				1	20.0	2	40.0	3	60.0
20	**7.0**	**3**	**1.1**	**55**	**19.3**	**61**	**21.4**	**37**	**13.0**
18	7.1	3	1.2	50	19.7	52	20.5	33	13.0
1	5.9			2	11.8	5	29.4	3	17.6
1	7.1			3	21.4	4	28.6	1	7.1
85	**3.8**	**54**	**2.4**	**512**	**23.1**	**197**	**8.9**	**415**	**18.7**
38	3.7	27	2.6	247	23.8	71	6.8	207	20.0
8	2.1	10	2.6	94	24.3	39	10.1	65	16.8
22	5.8	12	3.1	86	22.5	46	12.0	70	18.3
17	4.1	5	1.2	85	20.5	41	9.9	73	17.6
93	**5.0**	**148**	**7.9**	**330**	**17.6**	**313**	**16.7**	**374**	**20.0**
34	4.3	51	6.5	133	17.0	125	15.9	149	19.0
59	5.4	97	8.9	197	18.1	188	17.3	225	20.7
7	**2.7**	**13**	**5.1**	**50**	**19.5**	**34**	**13.2**	**44**	**17.1**
1	0.9	3	2.7	19	17.3	15	13.6	21	19.1
				1	25.0	2	50.0		
				1	50.0			1	50.0
1	9.1			1	9.1	3	27.3	3	27.3
4	3.5	6	5.3	25	22.1	10	8.8	16	14.2
1	5.9	4	23.5	3	17.6	4	23.5	3	17.6
31	**7.8**	**44**	**11.0**	**65**	**16.3**	**82**	**20.6**	**79**	**19.8**
24	11.0	24	11.0	38	17.4	55	25.1	45	20.5
7	3.9	20	11.1	27	15.0	27	15.0	34	18.9

6-11 续表 2

行业	企业数(个)	使用互联网的企业		通过互联网进行宣传推广的企业数		自有网站		互联网广告	
		数量	比重(%)	数量	占使用互联网企业的比重(%)	数量	占使用互联网企业的比重(%)	数量	占使用互联网企业的比重(%)
信息传输、软件和信息技术服务业	**76**	**73**	**96.1**	**60**	**82.2**	**43**	**58.9**	**26**	**35.6**
电信、广播电视和卫星传输服务	56	53	94.6	42	79.2	27	50.9	20	37.7
互联网和相关服务	1	1	100.0	1	100.0	1	100.0	1	100.0
软件和信息技术服务业	19	19	100.0	17	89.5	15	78.9	5	26.3
房地产业	**1900**	**1856**	**97.7**	**971**	**52.3**	**140**	**7.5**	**284**	**15.3**
房地产业	1900	1856	97.7	971	52.3	140	7.5	284	15.3
租赁和商务服务业	**85**	**82**	**96.5**	**55**	**67.1**	**33**	**40.2**	**19**	**23.2**
租赁业	2	2	100.0	2	100.0			2	100.0
商务服务业	83	80	96.4	53	66.3	33	41.3	17	21.3
科学研究和技术服务业	**33**	**32**	**97.0**	**18**	**56.3**	**9**	**28.1**	**3**	**9.4**
研究和试验发展									
专业技术服务业	32	31	96.9	17	54.8	8	25.8	3	9.7
科技推广和应用服务业	1	1	100.0	1	100.0	1	100.0		
水利、环境和公共设施管理业	**11**	**11**	**100.0**	**9**	**81.8**	**8**	**72.7**	**3**	**27.3**
水利管理业	1	1	100.0						
生态保护和环境治理业	3	3	100.0	3	100.0	3	100.0	1	33.3
公共设施管理业	7	7	100.0	6	85.7	5	71.4	2	28.6
居民服务、修理和其他服务业	**19**	**18**	**94.7**	**10**	**55.6**	**4**	**22.2**	**7**	**38.9**
居民服务业	11	11	100.0	6	54.5	1	9.1	5	45.5
机动车、电子产品和日用产品修理业	4	4	100.0	3	75.0	3	75.0	2	50.0
其他服务业	4	3	75.0	1	33.3				
教育	**9**	**9**	**100.0**	**5**	**55.6**	**3**	**33.3**	**2**	**22.2**
教育	9	9	100.0	5	55.6	3	33.3	2	22.2
卫生和社会工作	**42**	**41**	**97.6**	**27**	**65.9**	**18**	**43.9**	**7**	**17.1**
卫生	42	41	97.6	27	65.9	18	43.9	7	17.1
社会工作									
文化、体育和娱乐业	**19**	**18**	**94.7**	**14**	**77.8**	**9**	**50.0**	**1**	**5.6**
新闻和出版业	6	6	100.0	5	83.3	5	83.3		
广播、电视、电影和影视录音制作业	5	5	100.0	5	100.0	2	40.0	1	20.0
文化艺术业									
体育	5	5	100.0	3	60.0	2	40.0		
娱乐业	3	2	66.7	1	50.0				

单位：个

搜索引擎		电子商务平台		电子邮件		社交网站和即时通讯社交工具		其他	
数量	占使用互联网企业的比重(%)	数量	占使用互联网企业的比重(%)	数量	占使用互联网企业的比重(%)	数量	占使用互联网企业的比重(%)	数量	占使用互联网企业的比重(%)
12	**16.4**	**14**	**19.2**	**14**	**19.2**	**43**	**58.9**	**14**	**19.2**
8	15.1	11	20.8	10	18.9	27	50.9	11	20.8
1	100.0	1	100.0			1	100.0	1	100.0
3	15.8	2	10.5	4	21.1	15	78.9	2	10.5
112	**6.0**	**65**	**3.5**	**356**	**19.2**	**140**	**7.5**	**375**	**20.2**
112	6.0	65	3.5	356	19.2	140	7.5	375	20.2
8	**9.8**	**7**	**8.5**	**12**	**14.6**	**33**	**40.2**	**13**	**15.9**
								1	50.0
8	10.0	7	8.8	12	15.0	33	41.3	12	15.0
2	**6.3**			**6**	**18.8**	**9**	**28.1**	**3**	**9.4**
1	3.2			6	19.4	8	25.8	3	9.7
1	100.0					1	100.0		
1	**9.1**	**1**	**9.1**	**3**	**27.3**	**8**	**72.7**	**1**	**9.1**
1	33.3	1	33.3			3	100.0		
				3	42.9	5	71.4	1	14.3
2	**11.1**					**4**	**22.2**	**2**	**11.1**
						1	9.1	2	18.2
1	25.0					3	75.0		
1	33.3								
1	**11.1**			**1**	**11.1**	**3**	**33.3**	**3**	**33.3**
1	11.1			1	11.1	3	33.3	3	33.3
8	**19.5**	**2**	**4.9**	**5**	**12.2**	**18**	**43.9**	**3**	**7.3**
8	19.5	2	4.9	5	12.2	18	43.9	3	7.3
2	**11.1**	**4**	**22.2**	**1**	**5.6**	**9**	**50.0**	**2**	**11.1**
		1	16.7			5	83.3		
2	40.0	2	40.0	1	20.0	2	40.0	1	20.0
						2	40.0	1	20.0
		1	50.0						

6-12 分地区企业互联网

地 区	企业数(个)	使用互联网的企业		通过互联网进行宣传推广的企业数		自有网站		互联网广告	
		数量	比重(%)	数量	占使用互联网企业的比重(%)	数量	占使用互联网企业的比重(%)	数量	占使用互联网企业的比重(%)
全 省	**11529**	**11027**	**95.6**	**6418**	**58.2**	**2042**	**18.5**	**1529**	**13.9**
哈尔滨	**4507**	**4261**	**94.5**	**2542**	**59.7**	**915**	**21.5**	**707**	**16.6**
齐齐哈尔	750	732	97.6	412	56.3	123	16.8	87	11.9
鸡 西	433	415	95.8	189	45.5	39	9.4	34	8.2
鹤 岗	389	375	96.4	187	49.9	39	10.4	30	8.0
双鸭山	381	322	84.5	158	49.1	36	11.2	22	6.8
大 庆	1256	1211	96.4	707	58.4	251	20.7	150	12.4
伊 春	296	295	99.7	174	59.0	57	19.3	24	8.1
佳木斯	602	578	96.0	399	69.0	116	20.1	66	11.4
七台河	220	209	95.0	108	51.7	35	16.7	21	10.0
牡丹江	1140	1120	98.2	613	54.7	174	15.5	182	16.3
黑 河	273	260	95.2	160	61.5	43	16.5	31	11.9
绥 化	728	711	97.7	440	61.9	107	15.0	101	14.2
大兴安岭	113	108	95.6	63	58.3	18	16.7	15	13.9
农垦总局	287	283	98.6	184	65.0	67	23.7	48	17.0
绥芬河	134	129	96.3	72	55.8	20	15.5	11	8.5
抚 远	20	18	90.0	10	55.6	2	11.1		

宣传和推广情况

搜索引擎		电子商务平台		电子邮件		社交网站和即时通讯社交工具		其他	
数量	占使用互联网企业的比重(%)	数量	占使用互联网企业的比重(%)	数量	占使用互联网企业的比重(%)	数量	占使用互联网企业的比重(%)	数量	占使用互联网企业的比重(%)
694	**6.3**	**639**	**5.8**	**2444**	**22.2**	**2042**	**18.5**	**1936**	**17.6**
317	**7.4**	**264**	**6.2**	**807**	**18.9**	**915**	**21.5**	**759**	**17.8**
39	5.3	45	6.1	194	26.5	123	16.8	122	16.7
11	2.7	13	3.1	84	20.2	39	9.4	64	15.4
12	3.2	15	4.0	68	18.1	39	10.4	70	18.7
13	4.0	12	3.7	74	23.0	36	11.2	60	18.6
84	6.9	81	6.7	280	23.1	251	20.7	206	17.0
17	5.8	16	5.4	74	25.1	57	19.3	35	11.9
39	6.7	31	5.4	140	24.2	116	20.1	159	27.5
8	3.8	6	2.9	47	22.5	35	16.7	30	14.4
90	8.0	52	4.6	276	24.6	174	15.5	148	13.2
8	3.1	23	8.8	71	27.3	43	16.5	52	20.0
33	4.6	46	6.5	192	27.0	107	15.0	124	17.4
7	6.5	10	9.3	30	27.8	18	16.7	30	27.8
14	4.9	18	6.4	73	25.8	67	23.7	52	18.4
2	1.6	7	5.4	30	23.3	20	15.5	20	15.5
				4	22.2	2	11.1	5	27.8

6–13 分行业企业开展

行业	企业数(个)	有电子商务销售的企业		B2B	
		数量	金额(万元)	企业数量	金额(万元)
总计	**11529**	**135**	**3644375.9**	**105**	**3189526.3**
采矿业	**337**				
煤炭开采和洗选业	244				
石油和天然气开采业	4				
黑色金属矿采选业	17				
有色金属矿采选业	14				
非金属矿采选业	43				
开采辅助活动	15				
其他采矿业					
制造业	**3654**	**67**	**658230.8**	**51**	**302021.2**
农副食品加工业	982	9	73724.5	7	27799.1
食品制造业	167	6	235768.2	4	127059.7
酒、饮料和精制茶制造业	161	2	25402.8	2	
烟草制品业	4				
纺织业	52	2	509.8	2	200.0
纺织服装、服饰业	18				
皮革、毛皮、羽毛及其制品和制鞋业	22	1	5000.0	1	
木材加工和木、竹、藤、棕、草制品业	266	4	3039.6	3	2109.6
家具制造业	67	3	3691.0	3	2691.0
造纸和纸制品业	55				
印刷和记录媒介复制业	36	1	2000.0		
文教、工美、体育和娱乐用品制造业	43				
石油加工、炼焦和核燃料加工业	56	2	9775.0	1	
化学原料和化学制品制造业	217	3	18774.4	2	18774.2
医药制造业	114	3	168.3	2	137.0
化学纤维制造业	4				
橡胶和塑料制品业	138	1	1300.3	1	
非金属矿物制品业	383	6	3012.2	4	
黑色金属冶炼和压延加工业	57	1	199040.2		
有色金属冶炼和压延加工业	13	3	3270.0	2	
金属制品业	135	3	595.0	3	485.0
通用设备制造业	200	6	3796.3	4	3701.3
专用设备制造业	220	3	2252.5	3	2196.3
汽车制造业	54	1	16200.0	2	
铁路、船舶、航空航天和其他运输设备制造业	28				
电气机械和器材制造业	98	4	31132.7	2	
计算机、通信和其他电子设备制造业	20	2	19773.0	2	
仪器仪表制造业	22	1	5.0	1	2.0
其他制造业	14				
废弃资源综合利用业	3				
金属制品、机械和设备修理业	5				
电力、热力、燃气及水生产和供应业	**292**	**2**	**2645239.5**		
电力、热力生产和供应业	260	1	2645239.0		
燃气生产和供应业	17				
水的生产和供应业	15	1	0.5	1	
建筑业	**2374**	**7**	**536.2**	**7**	
房屋建筑业	1105	3	9.3	3	
土木工程建筑业	411	2	230.5	2	
建筑安装业	412	2	296.4	2	
建筑装饰和其他建筑业	446				

电子商务交易情况

B2C		有面向大陆区域以外销售		有电子商务采购的企业		有面向大陆以外区域采购的企业	
企业数量	金额(万元)	企业数量	金额(万元)	数量	金额(万元)	数量	金额(万元)
51	**454849.6**	**14**	**23202.9**	**97**	**6126006.3**	**7**	**25357.3**
				1	**2777241.0**		
				1	2777241.0		
23	**356209.6**	**12**	**23202.7**	**40**	**426683.0**	**5**	**25357.1**
5	45925.4	1	2.0	8	14776.4	1	500.0
5	108708.5			4	81158.6	1	19446.2
		1	4054.6	1	6.8		
2	309.8			1	600.0		
		1	5000.0				
3	930.0			2	282.9		
1	1000.0			3	679.8		
				1	1.8		
				1	1500.0		
		1	9680.0	3	311499.6	1	5400.0
1	0.2	1	1777.4	2	12151.2		
1	31.3	1	130.0	1	3.0		
				1	68.9		
1	199040.2						
				1	130.0		
1	110.0	1	100.0	3	217.4		
1	95.0	2	578.6	5	738.9	1	8.1
1	56.2	1	1776.3	1	1125.0	1	2.8
		1	100.0	1	302.7		
		1	3.8	1	1440.0		
1	3.0						
				2	**2778763.0**		
				2	2778763.0		
				14	**321.5**	**1**	**0.1**
				5	12.7		
				3	23.7	1	0.1
				3	253.2		
				3	31.9		

6–13 续表

行业	企业数(个)	有电子商务销售的企业		B2B	
		数量	金额(万元)	企业数量	金额(万元)
批发和零售业	**1989**	**21**	**333089.0**	**11**	**236839.1**
批发业	822	10	329642.9	7	234323.4
零售业	1167	11	3446.1	4	2515.7
交通运输、仓储和邮政业	**265**	**3**	**29.5**	**3**	**0.2**
铁路运输业					
道路运输业	114				
水上运输业	4				
航空运输业	2				
管道运输业					
装卸搬运和运输代理业	12				
仓储业	116	2	0.2	2	
邮政业	17	1	29.3	1	
住宿和餐饮业	**424**	**16**	**491.4**	**16**	**205.4**
住宿业	225	13	259.3	13	125.3
餐饮业	199	3	232.1	3	80.1
信息传输、软件和信息技术服务业	**76**	**10**	**6688.0**	**8**	**4630.0**
电信、广播电视和卫星传输服务	56	9	3488.0	8	1430.0
互联网和相关服务	1				
软件和信息技术服务业	19	1	3200.0		
房地产业	**1900**	**4**	**24.2**	**4**	**23.9**
房地产业	1900	4	24.2	4	23.9
租赁和商务服务业	**85**	**2**	**31.1**	**1**	**25.4**
租赁业	2				
商务服务业	83	2	31.1	1	25.4
科学研究和技术服务业	**33**				
研究和试验发展					
专业技术服务业	32				
科技推广和应用服务业	1				
水利、环境和公共设施管理业	**11**				
水利管理业	1				
生态保护和环境治理业	3				
公共设施管理业	7				
居民服务、修理和其他服务业	**19**	**1**	**10.0**	**1**	**5.0**
居民服务业	11	1	10.0	1	5.0
机动车、电子产品和日用产品修理业	4				
其他服务业	4				
教育	**9**				
教育	9				
卫生和社会工作	**42**	**1**	**5.8**	**1**	
卫生	42	1	5.8	1	
社会工作					
文化、体育和娱乐业	**19**	**1**	**0.4**	**1**	
新闻和出版业	6	1	0.4	1	
广播、电视、电影和影视录音制作业	5				
文化艺术业					
体育	5				
娱乐业	3				

B2C		有面向大陆区域以外销售		有电子商务采购的企业		有面向大陆以外区域采购的企业	
企业数量	金额（万元）	企业数量	金额（万元）	数量	金额（万元）	数量	金额（万元）
9	**96249.9**	**2**	**0.2**	**19**	**120223.0**	**1**	**0.1**
3	95319.5			10	118026.4		
6	930.4	2	0.2	9	2196.6	1	0.1
1	**29.3**			**5**	**2387.4**		
				3	359.6		
1	29.3			2	2027.8		
5	**286.0**			**4**	**2.7**		
4	134.0			3	2.6		
1	152.0			1	0.1		
9	**2058.0**			**2**	**111.2**		
9	2058.0			2	111.2		
1	**0.3**			**6**	**55.5**		
1	0.3			6	55.5		
1	**5.7**			**1**	**32.5**		
1	5.7			1	32.5		
1	**5.0**			**1**	**20095.1**		
1	5.0						
				1	20095.1		
1	**5.8**						
1	5.8						
				2	**90.4**		
				1	0.4		
				1	90.0		

6-14 分地区企业开展

地区	企业数(个)	有电子商务销售的企业		B2B	
		数量	金额(万元)	企业数量	金额(万元)
全省	**11529**	**135**	**3644375.9**	**105**	**3189526.3**
哈尔滨	**4507**	**59**	**245423.1**	**41**	**123517.1**
齐齐哈尔	750	6	25183.5	5	24842.8
鸡西	433	4	441.0	4	410.0
鹤岗	389	5	70935.4	5	70912.2
双鸭山	381	2	90640.1	2	
大庆	1256	11	2697487.9	6	2697487.8
伊春	296	6	200268.9	5	9.9
佳木斯	602	7	2211.0	7	2044.8
七台河	220				
牡丹江	1140	9	5758.2	8	5530.6
黑河	273	6	95412.6	5	110.6
绥化	728	12	168046.8	9	132666.7
大兴安岭	113	3	28013.8	3	27999.7
农垦总局	287	3	1888.5	3	694.6
绥芬河	134	2	12665.1	2	12659.4
抚远	20				

电子商务交易情况

B2C		有面向大陆区域以外销售		有电子商务采购的企业		有面向大陆以外区域采购的企业	
企业数量	金额（万元）	企业数量	金额（万元）	数量	金额（万元）	数量	金额（万元）
51	**454849.6**	**14**	**23202.9**	**97**	**6126006.3**	**7**	**25357.3**
22	**121906.0**	**8**	**6643.4**	**36**	**98420.2**	**3**	**11.0**
1	340.7			4	18795.5		
2	31.0			5	163.6		
3	23.2	1	2.0	2	501.7	1	500.0
				2	6761.1		
1	0.1	2	9680.1	15	5901313.9	3	24846.3
4	200259.0			3	323.3		
2	166.2	1	100.0	3	183.2		
				1	530.0		
4	227.6			7	4121.6		
2	95302.0			6	60004.1		
6	35380.1	2	6777.4	7	825.2		
1	14.1			3	23695.8		
2	1193.9			1	869.0		
1	5.7			2	9498.1		

6-15 分行业企业电子商务交易平台情况

行业	提供电子商务交易平台企业(个)	提供自营电子商务交易平台企业	平台交易额(万元)	销售额(万元)	采购额(万元)	提供第三方电子商务交易平台的企业	第三方平台交易额(万元)
总计	**52**	**52**	**6122124.8**	**3227041.4**	**2895083.4**	**3**	**206.2**
采矿业							
煤炭开采和洗选业							
石油和天然气开采业							
黑色金属矿采选业							
有色金属矿采选业							
非金属矿采选业							
开采辅助活动							
其他采矿业							
制造业	**28**	**28**	**639936.6**	**543265.4**	**96671.2**	**2**	**180.2**
农副食品加工业	5	5	32784.6	22082.4	10702.2		
食品制造业	4	4	312313.6	232290.0	80023.6		
酒、饮料和精制茶制造业	1	1	21348.1	21348.1			
烟草制品业							
纺织业							
纺织服装、服饰业							
皮革、毛皮、羽毛及其制品和制鞋业							
木材加工和木、竹、藤、棕、草制品业	1	1	520.0	520.0			
家具制造业							
造纸和纸制品业							
印刷和记录媒介复制业	1	1	2000.0	2000.0			
文教、工美、体育和娱乐用品制造业							
石油加工、炼焦和核燃料加工业	2	2	15081.3	9680.0	5401.3		
化学原料和化学制品制造业	1	1	0.4	0.2	0.2	1	0.2
医药制造业	2	2	161.3	161.3			
化学纤维制造业							
橡胶和塑料制品业							
非金属矿物制品业	3	3	2272.2	2272.2		1	180.0
黑色金属冶炼和压延加工业	1	1	199040.2	199040.2			
有色金属冶炼和压延加工业	1	1	3000.0	3000.0			
金属制品业							
通用设备制造业	3	3	3514.9	2971.0	543.9		
专用设备制造业							
汽车制造业							
铁路、船舶、航空航天和其他运输设备制造业							
电气机械和器材制造业	2	2	30100.0	30100.0			
计算机、通信和其他电子设备制造业	1	1	17800.0	17800.0			
仪器仪表制造业							
其他制造业							
废弃资源综合利用业							
金属制品、机械和设备修理业							
电力、热力、燃气及水生产和供应业	**1**	**1**	**5422480.0**	**2645239.0**	**2777241.0**		
电力、热力生产和供应业	1	1	5422480.0	2645239.0	2777241.0		
燃气生产和供应业							
水的生产和供应业							
建筑业	**1**	**1**	**103.0**		**103.0**		
房屋建筑业							
土木工程建筑业							
建筑安装业	1	1	103.0		103.0		
建筑装饰和其他建筑业							

6-15 续表

行业	提供电子商务交易平台企业（个）	提供自营电子商务交易平台企业	平台交易额（万元）	销售额（万元）	采购额（万元）	提供第三方电子商务交易平台的企业	第三方平台交易额（万元）
批发和零售业	**13**	**13**	**55843.1**	**34866.1**	**20977.0**	**1**	**26.0**
批发业	4	4	53854.3	33748.7	20105.6	1	26.0
零售业	9	9	1988.8	1117.4	871.4		
交通运输、仓储和邮政业							
铁路运输业							
道路运输业							
水上运输业							
航空运输业							
管道运输业							
装卸搬运和运输代理业							
仓储业							
邮政业							
住宿和餐饮业	**2**	**2**	**119.8**	**119.8**			
住宿业	2	2	119.8	119.8			
餐饮业							
信息传输、软件和信息技术服务业	**3**	**3**	**3539.3**	**3539.3**			
电信、广播电视和卫星传输服务	2	2	339.3	339.3			
互联网和相关服务							
软件和信息技术服务业	1	1	3200.0	3200.0			
房地产业	**1**	**1**	**3.0**	**1.8**	**1.2**		
房地产业	1	1	3.0	1.8	1.2		
租赁和商务服务业	**1**	**1**	**5.0**	**5.0**			
租赁业							
商务服务业	1	1	5.0	5.0			
科学研究和技术服务业							
研究和试验发展							
专业技术服务业							
科技推广和应用服务业							
水利、环境和公共设施管理业							
水利管理业							
生态保护和环境治理业							
公共设施管理业							
居民服务、修理和其他服务业	**1**	**1**	**5.0**	**5.0**			
居民服务业	1	1	5.0	5.0			
机动车、电子产品和日用产品修理业							
其他服务业							
教育							
教育							
卫生和社会工作							
卫生							
社会工作							
文化、体育和娱乐业	**1**	**1**	**90.0**		**90.0**		
新闻和出版业							
广播、电视、电影和影视录音制作业	1	1	90.0		90.0		
文化艺术业							
体育							
娱乐业							

6-16 分地区企业电子商务交易平台情况

地区	提供电子商务交易平台企业(个)	提供自营电子商务交易平台企业	平台交易额(万元)	销售额(万元)	采购额(万元)	提供第三方电子商务交易平台的企业	第三方平台交易额(万元)
全省	**52**	**52**	**6122124.8**	**3227041.4**	**2895083.4**	**3**	**206.2**
哈尔滨			**248234.5**	**176441.5**	**71793.0**	**1**	**26.0**
齐齐哈尔	52	52	43505.0	24915.4	18589.6		
鸡西	30	30	150.0	150.0		1	180.0
鹤岗	2	2	535.0	35.0	500.0		
双鸭山	1	1					
大庆	1	1	5467783.9	2664063.7	2803720.2		
伊春			199040.2	199040.2			
佳木斯	8	8					
七台河	1	1					
牡丹江			2582.1	2194.3	387.8		
黑河			150.0	100.0	50.0		
绥化	4	4	160137.2	160094.4	42.8	1	0.2
大兴安岭	1	1					
农垦总局	3	3	6.9	6.9			
绥芬河							
抚远	1	1					

附　录

主要指标解释

主要指标解释

房屋施工面积　指报告期内施工的全部房屋建筑面积。包括本期新开工的房屋建筑面积、上期跨入本期继续施工的房屋建筑面积、上期停缓建在本期恢复施工的房屋建筑面积、本期竣工的房屋建筑面积以及本期施工后又停缓建的房屋建筑面积。多层建筑应填各层建筑面积之和。

房屋新开工面积　指报告期内新开工建设的房屋建筑面积，以单位工程为核算对象，即整栋房屋的全部建筑面积，不能分割计算。不包括在上期开工跨入报告期期继续施工的房屋建筑面积和上期停缓建而在本期恢复施工的房屋建筑面积。房屋的开工应以房屋正式开始破土刨槽（地基处理或打永久桩）的日期为准。

房屋竣工面积　指报告期内房屋建筑按照设计要求已全部完工，达到住人和使用条件，经验收鉴定合格或达到竣工验收标准，可正式移交使用的各栋房屋建筑面积的总和。

竣工面积以房屋单位工程（栋）为核算对象，在整栋房屋符合竣工条件后按其全部建筑面积一次性计算，而不是按各栋施工房屋中已完成的部分或层次分割计算。

商品房销售面积　指报告期内出售商品房屋的合同总面积（即双方签署的正式买卖合同中所确定的建筑面积）。本月销售面积指从本月1日起至本月最后一天止出售商品房屋的合同总面积。商品房销售面积由现房销售面积和期房销售面积两部分组成。

（1）现房销售面积：指在报告期内正式签订买卖合同、已经竣工达到入住条件的商品房屋建筑面积。包括以一次性付款方式和分期付款方式销售的现房建筑面积。

（2）期房销售面积：指在报告期内正式签订买卖合同、正在建设尚未竣工交付使用的商品房屋建筑面积。包括以一次性付款方式和分期付款方式销售的商品房屋建筑面积。期房销售建筑面积竣工后不再结转为现房销售建筑面积。

商品房销售额　指报告期内出售商品房屋的合同总价款（即双方签署的正式买卖合同中所确定的合同总价）。该指标与商品房销售面积同口径，由现房销售额和期房销售额两部分组成。

（1）现房销售额：指报告期内销售的已竣工商品房屋的合同总价款。包括现房销售前期预收的定金、预收款、首付款及全部按揭贷款的本金等款项。该指标与现房销售面积同口径。

（2）期房销售额：指报告期内销售的正在建设尚未竣工的商品房屋的合同总价款。包括预售房屋前期预收的定金、预收款、首付款及全部按揭贷款的本金等项。该指标与期房销售面积同口径。

房屋竣工价值　指报告期内按规定已经上报竣工的房屋本身的建造价值。一般按房屋设计和预算规定的内容计算。包括竣工房屋本身的基础、结构、屋面、装修以及水、电、卫等附属工程的建筑价值；也包括作为房屋建筑组成部分而列入房屋建筑工程预算内的设备（如电梯、通风设备等）的购置和安装费用。不包括厂房内的工艺设备、工艺管线的购置和安装，工艺设备基础的建造；室外的水、暖、电、卫、道路工程、挡土墙等环境工程的费用；办公和生活用家具的购置等费用；购置土地的费用；迁移补偿费和场地平整的费用及城市建设配套投资。

房屋竣工价值不仅包括该竣工房屋在报告期内完成的价值，也包括跨年施工的房屋在本期以前完成的价值。未竣工而转让给其他单位的房屋建筑工程，出让单位不计算竣工价值，待接受单位继续施工并符合竣工条件后，由接受单位计算其竣工价值，包括出让单位在出让前所完成的价值。房屋竣工价值一般按结算价格（或中标价）计算。

待开发土地面积　指经有关部门批准，通过各种方式获得土地使用权，但尚未开工建设的土地面积。

本年土地购置面积　指在本年内通过各种方式获得土地使用权的土地面积。

资产总计　指企业过去的交易或者事项形成的、由企业拥有或者控制的、预期会给企业带来经济利益的资源。资产一般按流动性（资产的变现或耗用时间长短）分为流动资产和非流动资产。其中流动资产可分为货币资金、交易性金融资产、应收票据、应收账款、预付款项、其他应收款、存货等；非流动资产可分为长期股权投资、固定资产、无形资产及其他非流动资产等。根据会计“资产负债表”中“资产总计”项目的期末余额数填报。

执行2006年《企业会计准则》或2011年《小企业会计准则》的企业：资产总计=流动资产合计+非流动资产合计；执行其他企业会计制度的企业资产包括流动资产、长期投资、固定资产、无形资产和其他资产等。

负债合计　指企业过去的交易或者事项形成的，预期会导致经济利益流出企业的现时义务。负债一般按偿还期长短分为流动负债和非流动负债。根据会计“资产负债表”中“负债合计”项目的期末余额数填报。

执行2006年《企业会计准则》或2011年《小企业会计准则》的企业：负债合计=流动负债合计+非流动负债合计；执行其他企业会计制度的企业负债包括流动负债和长期负债。

主营业务收入　指企业确认的销售商品、提供劳务等主营业务的收入。根据会计“主营业务收入”科目的期末贷方余额（结转前）填报。执行2006年《企业会计准则》或2011年《小企业会计准则》的企业，如未设置该科目，以“营业收入”代替填报。

土地转让收入 指房地产开发企业按国家规定在报告期转让已经开发的土地和未经开发的土地所得到的收入。根据会计“利润表”和相关核算资料计算填报。

商品房屋销售收入 指房地产开发企业在报告期售出商品房屋的收入，一次收款的，一次性全部计入销售收入，按合同规定分期收款的，可按合同规定的时间分次计入收入。根据会计“利润表”和相关核算资料计算填报。

房屋出租收入 指房地产开发企业在报告期内，在不改变现有财产所有权关系的条件下，将企业的全部或部分房屋出租给其他单位或个人使用所得到的租金收入。根据会计“利润表”和相关核算资料计算填报。

其他（主营业务）收入 指房地产开发企业在报告期内从事除以上收入外的其他业务活动所得到的收入，包括配套设施销售收入、代建工程结算收入等。根据会计“利润表”和相关核算资料计算填报。

利润总额 指企业在一定会计期间的经营成果，是生产经营过程中各种收入扣除各种耗费后的盈余，反映企业在报告期内实现的盈亏总额。根据会计“利润表”中“利润总额”项目的本期金额数填报。执行 2006 年《企业会计准则》或 2011 年《小企业会计准则》的企业，利润总额为营业利润加上营业外收入，减去营业外支出后的金额；执行其他企业会计制度的企业，利润总额为营业利润加上投资收益、补贴收入、营业外收入，再减去营业外支出后的金额。